イラストでわかる

誰でも売れる販売ワザ65

河瀬 和幸
Kazuyuki Kawase

同文舘出版

まえがき ――〈販売ワザ〉は誰にでもできる「攻めの技術」

この本を読むと、商品がたちどころに売れるようになります。ただし、書いてあることをマネして実行してください。実行しなければ、売れません。

本書は、できるだけ短時間で内容が理解しやすいように、3章以降の〈販売ワザ〉の実践編では、イラストを添えました。

イラストを見て、〈ポイント〉を読んでいただくだけで、アッという間に理解できるはずです。

この本は、「接客技術」の本ではありません。「販売技術」の本です。長い間、「接客技術」と「販売技術」は同じものと思われてきた節があります。しかし、それは間違いです。

「接客技術」と「販売技術」は、似て非なるものです。

〈技術〉というものは、誰にでも使えるものでなくてはなりません。

しかし、販売が上手な人の「販売の技術」は、「その人がもともと持っていて、その人だけにしかできないもので、誰にでも応用がきくものではない」と思われてきたのです。

それで、これまで「販売技術」とはなり得ず、右手の上に左手を添えて立つといったような「接客技術」が、販売員の教科書になってきたのです。

これまでは、「接客技術」が「販売技術」だったのです。

「接客技術」をサッカーにたとえるならば、「守りの技術」です。守りをいくら固めても点は入りません。いつまでも点が入らなければ、選手は疲れてきます。
そこに雨が降ってきてピッチの環境が悪くなると、ミスが生まれます。そして、ゲームに負けてしまいます。
大手チームであれば、お金があるので選手の待遇もいいでしょう。体のケアも十分にでき、モチベーションも維持できて、長い守りの時間にも耐え得る環境が整っています。
しかし、小さなチームにそんなお金はありませんから、体のケアもそこそこに、１人が長い時間戦い抜いて、ついにはモチベーションが下がって負けてしまうのです。

販売員も同じです。
世の中の景気が悪くなっても、大手の会社の販売員は、会社の販売促進活動に助けられて売上を維持できますが、小さな会社の販売員は会社に助けられることはありませんから、売上は景気悪化の分だけ落ちることになります。
そうなると、いつまで待っても「援軍来たらず」の状態で、モチベーションはみるみる落ちていきます。すると、ますます売れなくなってしまうのです。

そうした状態を打開するには、攻めて点を取る以外にはありません。点が入ると、見違えるほどモチベーションが上がります。
販売も同じです。
商品が売れると、モチベーションはみるみる上がるものです。
「販売技術」は、「攻めの技術」です。
すなわち、売上を上げるためのものです。

私は「販売技術」を、道を求めてやまない柔道や剣道のワザにたとえ、あえて〈**販売ワザ**〉の名で呼び、その中で主要となる〈**65の販売ワザ**〉を、この本でご紹介します。

この〈販売ワザ〉を使うと、即効で販売に〈進歩〉が見えはじめます。〈進歩〉が見えると、自分で〈工夫〉したくなります。〈工夫〉すると、さらに〈進歩〉します。

毎日の〈進歩〉が見えると、〈面白く〉なります。〈面白い〉ものは続くものだし、続けたくなります。

そんな販売員が増えると、店は〈繁盛〉します。それと同時に販売員も腕が上がり、販売員自身の価値が上がり、条件のいいところに転職しやすくなります。

本書は、経営の根幹となる「売上を上げる」ための「販売技術」の本です。そして、「人間の能力を高め、自分を売る」ための「販売技術」の本でもあります。

2012年6月　　　　　　　　　　　　　　　　　河瀬和幸

CONTENTS

2章　私、販売員の味方です

3章　「購買の５階段」を昇る前に大切な11のワザ

4章　【第１階段】お客さまに「えっ、何？」と思わせる18のワザ

7章 【第4階段】「どうしようかな？」の迷いを吹っ切る5つのワザ

8章 【第5階段】リピートにつなげる7つのワザ

カバー　齋藤　稔
本文イラスト　小野口 雅人
DTP　春日井 恵実

1 章

効きめの見える「販売技術」

「接客技術」を「販売技術」と間違えていませんか？

「まえがき」でも言ったように、「販売技術」と「接客技術」は違うものです。

その違いを野球にたとえると、「販売技術」はヒッティングです。点を取りにいくものです。

それに対して、「接客技術」は守備です。守りを固め、点を取られないようにするものです。

あいさつの仕方や身だしなみなどの「接客技術」は、たしかに大切です。

「接客技術」は、お客さまを不愉快にさせないためのものです。お客さまに不愉快な思いをさせて帰らせてしまっては、二度と店に来てくれなくなり、それだけお客さまが減ることになります。すると当然、売上も少なくなります。

しかし、「接客技術」だけでは、点は取られませんが、得点もできません。つまり、直接、売上の増加にはつながらないのです。

「攻撃は最大の防御なり！」という諺があります。

守りに力点を置きすぎると、ミスすることが怖くなり、その怖さが体を硬くし、緊張を強いられて、思わぬところからミスにつながるから不思議です。

一流アスリートの考え方は、参考になります。とくに、オリンピックでメダルを取ったような選手たちは、テレビの前で一様に声を揃えて言います。

「ミスを怖れず、積極的に攻めていこうと思いました！」と。

そうです、接客も「ミスを怖れず、積極的に攻めていく」ことが大切です。これが、私の言う「販売技術」なのです。

「人間の持つ力」を活かしたのが〈販売ワザ〉です。

私の言う「販売技術」は、これまで伝えられてきた「接客技術」とは、大きく装いを異にしています。

なぜなら、これまでの何ものをも継承していないからです。

生物進化の過程にたとえるなら、私の「販売技術」を見ると、突然変異的な生物が、突如として現われたような感想を持つ人がきっと多いことでしょう。

ですから、この「販売技術」を私は、**〈販売ワザ〉**と呼ぶことにしています。〈販売ワザ〉は、感情を持たないメカニカルで無味乾燥なものではなく、**「人間の持つ力そのもの」**です。

「人間の持つ力」は、あるときを境に突如、加速度を増して力を発揮します。私はこの力により、ヒット商品を出し続け、大きな売上を生み出してきました。

この「人間の持つ力」を発揮できるよう、本書を読むみなさんに、まずは私の〈販売ワザ〉のマネをして、実行していただきたいのです。気がついたら、いつの間にか売上が上がっていることでしょう。

行き詰まった営業マンにも役立つ技術です。

本書は、店舗販売員のための〈販売ワザ〉としてご紹介していますが、実は営業マンにも応用がききます。

なぜなら、私はもともと法人を顧客にしていた営業マンで、〈販売ワザ〉の発想の原点は、営業マン時代の実体験にあるからです。

私は、最初から小売業界に飛び込んで販売員になったわけではなく、営業マン時代の新規営業先がたまたま小売業だったことから、販売員になったのです。

〈販売ワザ〉は、2章で説明している「購買の5階段」という考え方を基本にしていますが、この「購買の5階段」は、私が営業マンだった頃、つくづく思い知ったことなのです。

往々にして営業に携わる人は、会社という後ろ盾があるために、この階段の一段一段を無視して営業活動をしているものです。

「購買の5階段」は、後述するように、それこそ私が崖っぷちから這い上がるようにしてつかんだ「お客さま心理学」です。

営業に行き詰まったときには、この5階段を見直していただきたいと思います。「ナルホド！」とうなずくことがあるはずです。

私が販売員になって、他人とは違う視点で販売というものを見つめることができたのは、営業マンだったときの経験に負うところが大きいのです。

周りを巻き込む
リーダーシップが身につきます。

本書の内容は、ある意味では〈リーダーシップ〉の技術でもあります。

販売環境や周囲の人を無視した、"唯我独尊"の販売はあり得ません。

売上を上げるためには、周りを巻き込んでいく〈リーダーシップ〉が大切なのです。

〈リーダーシップ〉を発揮するためには、「まず自分がどうしたいのか」という目的を持たなくてはなりません。それなしに、周囲を巻き込んでいくことは不可能です。

店頭で売上を上げると言えば、「商品ありき」の世界だと多くの人は思うでしょう。

ところが違うのです。まず、**「人ありき」**なのです。

「商品ありき」の世界は、戦後の約10年間の話です。しだいに社会は成熟し、成熟した社会でもっとも大切な差別化は、〈使える知識〉になりました。その知識を生み出す根源こそが、人なのです。

そんな人が有効活用されると、加速度的にその知識は価値を持ちはじめます。

それを実現するのがリーダーなのです。すなわち、周囲の人を巻き込んだ有効な〈リーダーシップ〉が発揮されることによって、売上アップにつながるのです。

本書の〈販売ワザ〉では、店の人やお客さまといった周囲の人を巻き込む方法を多数ご紹介しています。

「売れない」と悩んでいる販売員のために書きました。

実は、商品が「売れない」のではないのです。これまで、「売る方法」を教えてくれる人がいなかっただけなのです。

なぜ教えてくれなかったかと言うと、「売る方法」がなかったからです。ないものは教えられません。

では、どうしてなかったのかと言うと、北は北海道から南は沖縄までの〈いろいろな地域〉で、百貨店、スーパー、カー用品、ディスカウントストアといった〈いろいろな店舗〉の、惣菜、玩具、ベッド、化粧品といった〈いろいろな売場〉で、1日12時間、年間330日間、合計10年間といった長い期間にわたって売場に立ち続け、「売り」を総合的に体系化して見続けた人がいなかったからです。

私は、35歳からの20年間、脈絡のない職種に何度も変わり、そのたびに苦しんできました。しかし後年、その脈絡のない職種経験が役に立つことになったのです。

私は、大型ビルの設計・施工を受注する営業マンでした。また私は、英語を教える教育者でもありました。人事総務部に所属する事務屋でもあり、能力開発部という「人の能力はどうすれば開発できるか」を研究する部に所属していた時期もあります。

また、小売店の販売員でもありました。それも百貨店であったり、スーパーであったり、雑貨店であったり、まるで脈絡がありませんでした。扱う商品も、化粧品、ベッド、オモチャ、植栽、食品、文具、家具と、これまた脈絡のないものでした。

そして、今では販売員の管理者でもあり、起業家でもあり、著述家でもあります。

しかし、そんな脈絡のない仕事の中に、私が興味を持ち続けてきた共通項があったのです。

「どうして、人は買うのか？」という疑問に根ざした**〈行動観察〉**です。その〈行動観察〉が、いろいろな私の経験を通してひとつになったのです。

それが「販売は科学だ」という信念に姿を変えたのです。

門外不出の〈販売ワザ〉を公表したワケ。

〈販売ワザ〉は、「どうして人は買うのだろう？」という私の素朴な疑問からはじまりました。

「どんな人が買うのだろうか？」「どんな状態のときに人は買うのだろうか？」「どんな店で人は買うのだろうか？」……

お客さまがリトマス試験紙で、実験場は百貨店であり、カー用品店であり、スーパーであり、雑貨店です。そして、実験材料はベッドであり、家具であり、座布団であり、靴であり、植栽であり、化粧品であり、文具であり、その他さまざまな商品です。

そんな実験を、10年間繰り返しました。

そしてできあがったのが、これからみなさんにお伝えする〈販売ワザ〉です。

私は、しばらくこの〈販売ワザ〉を門外不出にしました。

なぜなら、私の特許に近い形の「商品」だったからです。他人にマネをされると困ると思ったからです。

しかし今般、本書でこれを表に出す決意を固めたのは、多くの販売員が、この不況の中で次々に倒れているからです。

人件費を削るのに、販売員が最初のターゲットとされています。

あるとき１人の女性の販売員が、シャッターの降りている閉店後の化粧品売場の棚の前で、ジッと商品を見つめていました。私は、声をかけるのは悪いと思い、柱の陰から、その様子を見ていました。

すると彼女は、自分の商品に向かって手を合わせはじめたのです。

従業員出入口で彼女に会うと、

「河瀬さん、本当に長い間ありがとうございました。私は明日、会社に辞表を出させていただきます。

売れなかった私が、ここまで売れるようになったのは、河瀬さんのお陰です。本当にありがとうございました」

と言うのです。

経営者は、彼女を評価していませんでした。経営者は、彼女が何億円と売れるようになった商品の下地をつくったことを知りませんでした。それよりも、押し売りよろしく、今の売場で数字を上げる女性販売員を評価したのです。

後年、その会社は多数のクレームにより、事業を縮小しなければならなくなりました。

ある女性の販売員と、東急ハンズ名古屋店の化粧品売場で出会いました。彼女は、アルバイトで雇われた販売員でした。

彼女の1日の売上は、4万円以上伸びませんでした。

そんな彼女が、いつも20万円以上化粧品を売る私を見て、「私もそのようになれるでしょうか？」と聞いてきました。

3章でもご紹介しますが、私は、「あなたのその髪の毛を後ろに束ねれば、売れるようになるよ」とアドバイスしました。

翌週、私が再び名古屋に行くと、彼女が突然、喜び勇んで私のところに飛んでくるのです。

「すごいです。まるで魔法のようです。髪の毛を後ろに束ねただけで、6万円も売れるようになりました！」

彼女は東急ハンズだけでなく、違う店でも売れるようになり、アルバイトから正社員に登用されたのです。

以降、その会社の社員はドンドン増え、彼女はリーダーに登用されました。しかし、ある問題で経営者が変わってから、彼女の評価も変わってしまいました。

あるとき、彼女は新しく入ってきた販売員の手助けをして、販売成績を大幅に上げたことがありました。しかしその販売員は、自分の実力だと言い張ったのです。

経営者は、指導した彼女よりも、実績を自分の実力だと言い張った新人販売員を評価したのです。

不況が浸透するにつれて、同じようなことが頻繁に起こるようになりました。

目に見えない功績よりも、声の大きい、目に見える成績を主張する人を、経営者が評価する風潮になってしまったのです。

今の販売員は弱い立場に立たされています。実績を示さなければ、すぐに淘汰されてしまいます。そんな販売員に、私の〈販売ワザ〉がお役に立てばと思い、公表することにしたのです。

「販売技術」を数式で表わすと販売員は〈変数〉です。

本書で私が述べる「販売技術」は、数学の公式で表現するなら、

$A = \alpha \times B$ です。

Bは〈定数〉です。10とか100とか、すでに決まった数字です。それは、それぞれの会社の持つ資源によって違ってきます。1の資源しか持たない会社もあれば、1000もの資源を持つ会社もあります。

α は〈変数〉です。1/10になって答えの数字Aを小さくすることもあれば、10や100になってAを大きくすることもあります。

販売員がその〈変数〉です。〈変数〉は能力ですから伸縮自在です。

これから述べる〈65の販売ワザ〉によって、販売員の〈変数〉は大きくなります。

それで売上数字を大きくするのもよし、個人の能力を大きくするのもよし、とにかくシステムの中に隠れて見えなくなってしまった販売員の能力のすばらしさを、もう一度、経営者に再認識させようではありませんか。

2章

私、販売員の味方です

販売に関わる仲間を
勇気づけるために書きました。

販売員のみなさんに、よく言われたことがあります。

「河瀬さん、いつも現場で見せてくれているような、そんな販売の仕方がわかるような本を書いてください」

私を知っている販売員たちが、私のことを他人にたずねられると、「なま河瀬を見るといい」と言うものだから、多くの人が私の販売現場に訪ねてきます。"ライブ河瀬"を見ようということなのです。

訪ねてきた人を前に、私はいつも予告販売というのをやります。

「これからあのお客さまに、この商品を売ってみるね」と宣言してから売るのです。それから、〈どうして売れたのか〉を説明します。

売れても売れなくても、そこには販売に至る〈プロセス〉があります。それがあるから、〈結果〉があるのです。

この**〈プロセス〉を知る**ことにより、どんな場面でも売れるようになるのです。

しかし、そんな〈プロセス〉を活字だけで説明するのは、容易なことではありません。そこで「イラスト」を使って、活字では表現しづらい部分の説明をしようと考えました。3章以降は、そのように構成されています。

販売が苦手な人でも、
販売が楽しくなります。

販売の現場に立つ人にとっての一番の悩みは、「売れない」ことです。「売れない」という以前に、その商品に関心を示してくれる人があまりに少ないことです。

「いらっしゃいませ」と言いながら売場に立っているだけでは、１日中売れないこともあるでしょう。

お客さまが自分の商品の前に立ち、その商品について「何でもいいから聞いてきてくれないか」と思うでしょう。商品説明がどんなにうまくできても、商品説明をするべきお客さまが目の前にいてくれなければ、何もはじまりません。

販売とは、商品説明をする力ではないのです。**お客さまを〈引っ張る力〉**なのです。

だからと言って、お客さまを強引に引っ張り込むことは、あなたにとっても、店にとっても良いことではありません。そんなことをしたら、クレームになってしまいます。

それでも、夜の繁華街の客引きのような、強引な販売員もいます。では、そんな販売員が売れているのかと言うと、そうではありません。売れる以上にクレームを引き起こして、手間のかかる販売員になっているだけなのです。

販売員をしている人には、気が弱く、社交的ではなく、「自分は販売員には向いていない」と思っている人が、案外多いのではないでしょうか。

それでいいのです。そんな人のほうが、私の販売方法を知ると売れるようになるのです。

大手百貨店で販売歴10年という人より、ついこの前まで事務職をやっていた人が、私の方法を3日間学んだだけで売れるようになった、というような例には事欠きません。

私の方法で販売をしてみると、販売職向きの性格ではないと思っている人のほうが商品が売れ出し、販売が面白くなって、販売に対する新しい見方を発見することができるようになるでしょう。

販売とは、こんなにも素敵なことだったのかと思うことでしょう。

何事も、〈結果〉が出ればやる気になって、面白くなるものです。

販売が大嫌いだった私が、〈完売王〉と言われるようになりました。

そもそも私は、販売員ではありませんでした。

総工費何十億円、何百億円の大学とか大きな病院、あるいは研究施設といった、建築物の仕事を取る営業マンでした。

あるとき新規開拓をした営業先が、カー用品チェーンのイエローハットでした。そこの物流センター建設の仕事を発注していただきました。

何度もイエローハットに通ううちに、創業者の鍵山秀三郎さんに惚れて、イエローハットに転職してしまったのです。

しかし、転職した年が41歳でしたから、小売という職場環境に慣れるだけでもたいへんでした。

エプロンをして売場に立って、500円の車内用芳香剤すら売れずに悩みました。悩みすぎて体を壊し、入院までしてしまったのです。そして、ついにはノイローゼになってしまいました。

しかし、あるキッカケから販売に目覚め、タイヤ売上日本一にまでなりました。

そして、イエローハットを退職して独立販売員になり、東急ハンズで健康食品、美容液、石鹸、オモチャ、ベッド、マット、キッチン用品、文具など、50近い商品を扱いました。

それも、東急ハンズの誰もが売れないだろうという商品ばかりを売りまくり、ついには〈17万という品揃え〉の中で、8年連続で売上ナンバーワン商品を出し、〈完売王〉と言われるようになったのです。

ちょっとしたキッカケが、私に販売の〈魔法の杖〉を授けてくれたのです。

まったく売れなかったから〈販売ワザ〉が開発できた！

イエローハットに転職した当時の私は、店にある商品を何ひとつ売ることができませんでした。

やがて何も売れない私など、存在する意義などないのだと思いつめるようになり、落ち込む毎日に体を壊し、入院までしてしまったのです。

その頃の心理状態は、「私はもう、背水の陣どころではなく、すでに後ろに下がりすぎて、水中に首までつかっている」とまで追い詰められていました。

ですから、体調は回復して退院しても、精神的に自分を追い詰めて、ノイローゼになってしまったのです。今で言う鬱状態でしょう。

今なら病院に行くという手段がありますが、15年以上も昔には、鬱病はまだ社会的に認知されていませんでした。
会社からお金をもらう以上、「何も実績を出さないでいることすら悪いのに、休むなんて申し訳ない。とにかく会社にだけは行こう」と、ボンヤリした頭で、会社に足だけを運ぶ毎日でした。

真夏の暑い盛りでした。事務所と店舗が併設されているイエローハット大阪支店の７階建てのビルの４階から見下ろしたお客さま用駐車場からは、陽炎《かげろう》がユラユラと立ち上っていました。
そこに駐車する車からも陽炎が立って、車の中から出てくるお客さまが揺れているように見えます。
私は思わず外に出て、ワイシャツの袖を捲り上げて、ホースで散水をはじめました。
散水しても散水しても、すぐに水は蒸発してしまいます。
車が止まっているところに散水すると、お客さまの車に水が跳ね返って汚してしまいます。そこでジョウロに水を移し替え、車の間を縫うようにして打ち水をしました。
すると、駐車したばかりのお客さまが、「にいちゃん、暑い中ご苦労さまだね」と話しかけてきたのです。
毎日打ち水をしていると、声をかけてくるお客さまの数が増えてきました。今にして思えば、お客さまとの距離が、打ち水をすることで縮まっていったのでしょう。

毎日毎日、打ち水ばかりしているわけにもいきませんから、他に何か作業はないかと探しました。すると、台風の過ぎ去った翌日に、外に陳列してあるタイヤの中に水が溜まっているのが目に入りました。その水をぬぐうために、雑巾をタイヤの中に入れて１本１本拭きました。

タイヤは相当数ありますから、１日や２日では終わりません。

そんな作業を繰り返しながら、駐車場に止まる車を眺めていました。そうするうちに、私にタイヤのことで声をかけてくるお客さまに一定のパターンがあることがわかったのです。

タイヤに関心のあるお客さまは、車のエンジンを切ると、鍵をかけるときに、車の横に立ってタイヤを一瞬見つめるのです。そして、私に声をかけてくれるのです。

それが面白いように当たって、今度はわざと声をかけられるように工夫すると、さらに声をかけてくれる率が高まりました。

次にしたことは、そんなお客さまを観察しながら、お客さまの傾向に合わせて、声をかけられたときの対策を考えたのです。

このように、工夫することの面白さがわかってくると、いつしか病気も消え去っていました。

〈観察する→工夫する→やってみる→当たる→面白い→工夫する→やってみる→ダメなものと良いものを分ける→やってみる→当たらない→面白い→データベース化する〉……そんな繰り返しの毎日になっていったのです。

この**〈観察→工夫→結果〉**という私の法則が、商品が違っても、売る地域が違っても、そして業態が変わっても、はたして通じるかどうかを試してみたくなって、私はイエローハットを辞めて、独立販売員という名の「研究員」になったのです。

そして、その実験場所を主に東急ハンズに設定しました。

私が最初から売れる販売員ではなかったからこそ、群を抜いた成績を上げることができたのです。

「なぜ売れるのか、なぜ売れないのか？」を研究して、そこから導き出した方法を自分自身で実際にやってみて、高実績を残せるようになったのです。

イエローハットだけでなく、大丸でも、三越でも、ロフトでも、私の扱った商品は売れに売れて、やがて東急ハンズで私は、〈完売王〉と呼ばれるようになりました。

また、私の販売方法を、いくつかのメーカーの販売員に試してもらったところ、それぞれの会社の商品がその分野で次々と第１位になりました。そして販売員自身も、次々とステップアップしていったのです。

もちろん、私の編み出した方法をマネしても、私にはなれません。しかし、私にはなれない代わりに、私以上のものになることができるのです。本人の工夫しだいでは、私以上の〈販売ワザ〉を生み出すことができるようになるのです。

ヒット商品を生み出す鍵は販売員が握っているのです。

私が独立販売員になって間もない頃の商品に、黒いカバーの傾斜座布団がありました。それはセロファンの袋に入れられているだけで、とても「商品」と呼べるようなものではありませんでした。それを東急ハンズに持ち込んでほしいということでしたが、東急ハンズ側でも、「これは商品にはならない」という返事でした。

それを私が店頭で売る、という条件で扱ったのです。

それから３年。傾斜座布団は、何と40万枚も売れたのです。値段は8190円と、決して安いものではなかったにもかかわらずです。

その会社は、大きなビルを建ててしまいました。

また、売らせてもらえる店がどこにもなく、公園で奥さん相手に配っていた美容液がありました。

これも、やはり東急ハンズに持ち込んで、売り方を変えただけで、３年で何十億円も売れる化粧品に化けたのです。

この会社はもともと化粧品会社ではなく、構造不況業種から業態転換した会社でした。

同じように売り方を変えただけで、売り出した当時は一部の東急ハンズ店にしかなかったマットレスが、今や東急ハンズどころかテレビでも有名になったケースもあります。

私の開発した〈販売ワザ〉をもとに、大ヒットする商品が、続々と出てくるようになりました。

しかし多くの場合、売れた理由は、「商品が良いから」としか評価されませんでした。

しかし、考えてみてください。日本のモノづくり技術は世界一で、世界一の商品がしのぎを削る日本のマーケットは、良いもののオンパレードで、どの商品も〈どんぐりの背比べ〉状態です。

そんな〈どんぐりの背比べ〉のマーケットの中で、突出して売れる商品を出すのは、「販売員たちの腕」であることに多くの経営者は気づいていないのです。

販売員の待遇は悪く、売れないと判断されると、モノのように使い捨てにされる例も後を絶ちません。ですから、一時的にでも売れないと判断されると、会社を追われてしまうことになるのです。

数億円もの売上が上がったのは、その場では販売員が売らなくても、いろいろな相乗効果の中で、販売員が大いに貢献しているケースが多々あることを、私は見てきました。

しかし、販売員に要求されるのは、「今日、どれだけ売れたか」という販売実績なのです。

腕のある販売員が辞めてしまうと、その会社から次のヒット商品は出なくなります。「なぜ売れたのか？」という肝心な部分に、小売店もメーカーも気がつかないまま商品に振り回され、いつも「次に売れる商品は何か、それをいかに安く仕入れるか」という、飽くなき追求に没頭しているからです。

ヒット商品が生み出される、隠された秘密の鍵を握っているのは、〈訓練された販売員〉なのです。その〈訓練された販売員〉が秘密の鍵を握っているため、移っていったその先の店で再びヒットを飛ばすことができます。

ヒット商品は、商品自体の良さからも生まれますが、販売の仕方によっても生まれるのです。しかも後者は、〈ヒットの再生産〉が、前者に比べて比較的容易です。

それは、商品自体は類似商品の出現によって、しだいに目新しさが失われて売上が落ちていきますが、人間による販売の仕方は、その思考方法をマネすることによって、いくらでも応用がきくからです。

「魚の釣り方を知っている」のと、「釣れた魚の成果だけしか見ていない」ことの違いは大きいのです。

カワセの〈購買の5階段〉のアウトラインをご紹介しましょう。

〈販売ワザの65連発〉に入る前に、知っておいていただきたいことがあります。それは、**「販売は科学であり、お客さまには買うに至る購買心理がある」**ということです。

お客さまの購買心理は〈5つの階段〉からできていて、その階段を一段一段順序よく昇っていかなければならいのです。

またその階段は、「1段目とその他の4段では段差が違う」ということを覚えておかなくてはなりません。

その前に、〈購買の5階段〉を昇るには、下地をしっかりつくることが肝心です。

それはまず、売り先の業態（売り方）をきちんと認識することです。そこが、どんな店舗なのかということです。

大丸と三越は、業態においては同じですが、店舗の性格は違います。イエローハットと東急ハンズでは、業態が違います。そんな違いを十分に認識していなければなりません。それを知るためには、ネット検索等でその店舗の歴史や、扱っている商品を調べることです。

そしてもうひとつ、〈5階段〉を昇る前に、〈11のワザ（3章）〉

をマスターすることです。その上で、〈5階段〉を順番に昇っていきましょう。

さて、この〈5階段〉ですが、最初の階段を昇るのが容易ではないのです。

しかし、これまでの販売実践理論では、なぜかこの一番大切なステップだけを飛ばしているのです。

なぜ、この最初の階段部分を飛ばしているのかと言うと、書き手に実際に店頭で販売した経験のある人が少なかったのと、アパレルとか雑貨などの、小売店頭に注力して書かれているものではなかったからです。

一般小売店の販売で一番むずかしい問題は、自分の売りたい商品の前にお客さまが、近寄ってきてくれないということです。これが1段目の階段です。

ですから、最初の階段は自分の背丈くらいの高さがあって、何か道具がないとなかなか昇っていくことはできません。

その他の階段の段差は、軽く昇れるとは言いませんが、身長と比べれば30センチくらいのものでしょう。しかし、2段飛びでは足を踏み外す可能性が大なのです。

この〈5階段〉を最短で昇るのにかかる時間は、わずか〈33秒〉です。私が、なぜ「たくさん売れるのか」と言うと、〈33秒〉でお客さまを説得できなければ、次のお客さまに移っていくからです。

販売は、時間をかければ売れるというものではありません。「見切りをつける」判断も必要です。そして、いかに多くのお客さまに

〈アプローチ〉するかが大切なのです。

販売理論で多くの人は、「会話の質」とか「接客のていねいさ」ということを言いますが、「会話の質」とは何でしょうか。また、「接客のていねいさ」とは何なのでしょうか。

私には、自分の「売れなさ」をごまかす言い訳としか思えないのです。

「会話の質」も「接客のていねいさ」も、〈販売員の動き〉からお客さまが判断することです。その動きは、経験の量から生まれます。量の稽古なくして、質の向上はあり得ません。〈質〉は、〈量〉をある程度こなさなくては生まれてこないのです。

そのような意味で、〈33秒〉という短時間の中で次々と〈販売ワザ〉を繰り出して、多くの人にアプローチする経験を積み上げていくのです。

【第1階段】お客さまに「えっ、何？」と思わせる18のワザ

〈5階段〉の最初の階段は背丈ほどもありますから、見上げるほどの高さです。

克服のポイントは、お客さまに「えっ、何？」と思わせて、商品に注意を向けさせることです。

一番むずかしいのに、昇るのにかかるのはたったの〈3秒〉です。時間をかければ昇れるという階段ではないのです。ここに時間をかけてしまうと、お客さまは永遠にあなたのもとに寄ってきてくれません。お客さまが寄ってきてくれなければ、売れることもないのです。

しかし、背丈ほどの高さでも恐れることはありません。この階段を昇る〈18のワザ（4章）〉さえ身につければ、いともたやすく昇れるようになります。

【第２階段】「で？　それで？」と関心を持たせる９つのワザ

次に昇る階段は２段目です。

「えっ、何？」と一瞬にしてお客さまの注意を引いた商品に、さらに関心を持たせて、「で？　それで？」と思わせ、「ちょっと、話を聞かせてよ」という段階です。これに必要なのは〈10秒〉説明です。

この階段を昇るには〈９つのワザ（5章）〉があれば十分です。

【第３階段】「へぇー、なるほど！」と納得に変える９つのワザ

２段目の階段で「で？　それで？」と話を聞くと、３段目の階段でお客さまは、「ちょっとちょっと、もう少し話を聞かせてよ」となって、話を聞き終わると、「へぇー、なるほど！」と、その商品をほしくなってしまうのです。

ここでは、説得のひとつとして実演をすることもあるため、〈15秒〉はかかります。ここまでくると、もう販売員の〈説得〉が、お客さまの〈納得〉に変わる段階です。

この階段を昇るには、〈９つのワザ（6章）〉があればいいでしょう。

【第４階段】「どうしようかな？」の迷いを吹っ切る５つのワザ

お客さまが〈納得〉して、財布の中身を気にするようになったら、あと一歩です。ここが４段目の階段です。

商品がほしくなると、「いくらかな？　どうしよう？」と値段が気になって仕方がなくなります。「今、買ってもいいものか。それとも後日買うべきか、もっと考えてから買うべきか」――とにかく頭の中は、商品を手に入れたい思いでいっぱいになります。

この時間は〈5秒〉です。

迷いに迷っているお客さまは、言葉を発しないものです。

この間、お客さまとの間に会話がないことは、販売員にとっては苦痛です。なぜなら、何もせずにいることは、お客さまの購買決定の意思を失うことと背中合わせだからです。

ですから、この場面を〈つなぐ〉ことが肝心です。

お客さまにしてみれば、その場で買わなくても、商品を覚えていって後からインターネットで買う手もあるわけです。それでも買ってもらうことができれば、販売員の役割ははたせます。

そのためには、商品を鮮明に〈記憶〉に残してやらなくてはなりません。

この階段を昇り、次の段階に行くには〈7章の５つのワザ〉があればいいでしょう。

【第５階段】リピートにつなげる７つのワザ

４段目で、商品の値段がお客さまが買える範囲内（財布の中にいくら入っているかではなく、その商品がお客さまの意識的予算の範囲内であること）だと判断したら、お客さまは、即決することでしょう。

あとは、家に帰ってから「買わなければ良かったかな」と後悔させないことが大切です。後悔させずに、商品によって期待通りの満足感を感じさせることができれば、またリピートしてくれるからです。

最後の後押しです。すなわち、お客さまに十分〈納得〉してもらうことです。〈クロージング〉は必要ありません。下手な〈クロージング〉は不協和音を起こしやすく、そのときは良くても、次の結果にはつながらないものです。

ここは、リピートに備えて次のステージに向かうためのワザが必要です。それには〈8章の7つのワザ〉があります。

そして最後が、販売員として成功するためのワザです。それには心・技・体が整っていなければなりません。私の経験を踏まえて9章でご紹介します。

3章

〈購買の5階段〉を昇る前に大切な11のワザ

1

1日の売上は、15分間の「ゆとり」で決まる

売りはじめるのが10時からなら、9時45分には売場に到着するようにしましょう。心の「ゆとり」を得るためです。

毎日毎日、いろいろなことが変化します。

変化には「良い変化」もあれば、「悪い変化」もあります。

それが「良い変化」なら、あなたに良い影響をもたらして、心地良い状態になりますが、「悪い変化」ならば、あなたには心地の悪いものになります。

心地の良い状態は、あなたの心と体に活気を与えます。

そこで、心地の悪い変化に気づき、対処するために、15分間の「ゆとり」が大切なのです。

「ゆとり」は、心のサプリメントのようなものです。

いろいろなストレスからあなたを守ってくれます。

いつも「ゆとり」がなく、あたふたしていることは、ストレスに対する抵抗力がないということです。

とりあえず何もすることがなくても、売場を見渡すくらいの「ゆとり」を持つことは大切です。

だから、15分早めに売場に入ってみてください。

ポイント

「ゆとり」は心のサプリメントです。

毎日15分という「時間のサプリメント」をとりましょう。

15分
ゴッ!
START!
ガッ
ガン!
ひー
ゆとり

2 「あいさつ」は売上の雰囲気づくり

朝の売場に到着したら、まず自分の商品の担当者や関係者を探し、「あいさつ」をしましょう。「あいさつ」は、コミュニケーションの基本です。コミュニケーションとは、「他人に自分をわかってもらい、相手をわかろうとすること」です。

「あいさつ」は、オーケストラにたとえると、最初の音合わせの場面です。音合わせは大切ですが、「あいさつ」の音を出すのは、意外に気を使うものです。

ストレスを感じる人も多いでしょう。「したのに、されない」とヘコみます。しかし「あいさつ」ひとつで、自分をとりまく雰囲気が変わるものです。

「あ」→相手の目を見て　　「い」→いつも笑顔で
「さ」→先に自分から　　「つ」→続けてひと言

コツは、相手の名前を入れて「あいさつ」することです。

「小林さん、おはようございます。今日も１日、よろしくお願いします」。この意識したひと言の積み重ねで、変わっていく自分が感じられます。自分が変わっていくと、周囲の雰囲気も変わっていくことに気がつくでしょう。それを感じながら、周囲の人々に「あいさつ」を次々に交わしていきましょう。

すると「売れる」ようになるから、楽しくなります。

ポイント

「あいさつ」で相手の反応を観察しましょう。

それを、毎日実行しましょう。１週間で、変わっていく自分が感じられるでしょう。

あ
相手の
目を見て
じっ・・!
い
いつも
笑顔で
さ
先に自分
から
オハヨー
ございます!
つ
続けて
ひと言
今朝は…
餃子たべ
たんだね?

3

売るための工夫を生み出す3つの方法①言わない

あなたが、お客さまの立場になってみてください。

店に入っていくと「いらっしゃいませー！」という声が、どこからともなく聞こえてきます。あなたは商品について何か聞きたいと思い、「いらっしゃいませー」の聞こえるほうに、「すみませーん」と声をかけるのですが、誰もきてくれません。

店員さんは、どうしてきてくれないのでしょう？

それは、あなたを見て「いらっしゃいませー」と言っているのではないからです。

さあ、今度は販売員の立場に戻って、思い出してください。

「いらっしゃいませー」は、朝礼で「声出しをするように」と言われたからではないでしょうか？　では、「いらっしゃいませー」の声出しをすると、売れるのでしょうか？

違います。声出しは、店に〈賑々《にぎにぎ》しさ〉を出すためです。賑々しいと活気がある感じがして、お客さまが集まってきます。

しかし、〈賑々しさ〉と〈うるさい〉のとでは違います。

お客さまを見て言っていない「いらっしゃいませ」は、〈うるさい〉ドラやタイコの音と同じです。

そんな「いらっしゃいませ」は、意味がありません。

意味のない言葉は、疲れるだけですから言わないことです。

ポイント

お客さまを見ていない「いらっしゃいませ」は、言わない。

いらっしゃいませー
いらっしゃいませー
いらっしゃいませー
いらっしゃいませー
いらっしゃいませー
いらっしゃいませー
いらっしゃいませー
いらっしゃいませー
いらっしゃいませー
いらっしゃいませー
いらっしゃいませー

4

売るための工夫を生み出す3つの方法②持たない

あなたは店頭で、手に商品カタログを持って、「どうぞ、お試しくださいませー！」と言い続けてはいませんか。

そんなあなたに、お客さまは「その商品は何ですか？」とたずねたくなるでしょうか。お客さまから積極的にたずねられることは、ほとんどないはずです。

それは、商品カタログの字が小さくて、お客さまには何が書いてあるのか、読めないからではないでしょうか。また、読む以前に「興味を引く言葉がない」からではないでしょうか。

「お客さまが読めないもの」「お客さまの興味を引かないもの」は、売上に何ら「良い変化」をもたらさないでしょう。

あなたは、上司や経営者の目を気にして働いてはいませんか？

どうして、上司や経営者の目を気にするのでしょうか。

自分自身を認めてもらいたいと思うからではないでしょうか。

自分を認めてもらうために、売場で何かをしようとする。それが、「良い変化」をもたらそうがもたらすまいが、上司や経営者に自分の動きをアピールするために、手に〈意味のないモノ〉を持たせるのではないでしょうか。

〈売場で働く〉ということは、商品を「売ること」です。

そんな「売ること」をわかるためにも、手には何も持たないことが、工夫への第一歩となるのです。

ポイント

手には、何も持たないで売場に立ちましょう。

アピール
アピール

5

売るための工夫を生み出す3つの方法③もたれない

「こんな商品じゃ売れない！」「こんな場所じゃ売れない！」

「こんな宣伝方法じゃ売れない！」……あなたは、そんなふうに思ったことはないでしょうか？

実は、私が販売をはじめた頃は、まさにそうでした。

今ならわかるのですが、そのときの私は、自分の売れない原因を、何かのせいにして、「もたれて」いたのです。

「誰にも、何にももたれない」――そんな気持ちになると、不思議と売れはじめてくるのです。

ここで、工夫を生み出す３つの方法をまとめてみます。

①「いらっしゃいませ」を〈言わない〉と、②「商品カタログ」を手に〈持ちたく〉なる。でも、それを持たないと、③誰かの、何かのせいにして、〈もたれたく〉なるのです。

ですから、〈言わない〉〈持たない〉〈もたれない〉の状態でいてみてください。

とっても居心地が悪くなるはずです。居心地が悪くなっても、しばらく我慢してみましょう。もっと居心地が悪くなるでしょう。

すると、〈すばらしい工夫〉への第一歩がはじまるのです。

ポイント

- **「いらっしゃいませ」を言わない**
- **商品ポップを手に持たない**
- **誰かに、何かに、頼らない**

これが、工夫を生み出す３つの方法です。

×
ドドド
ドド

6
店でもふだん着の話し方をしよう

鼻をつまんで、喉の奥から絞り出すような声でしゃべる販売員がいます。スーパーでは、語尾をやたら伸ばしたり、演歌歌手のように節を回して、「いらっしゃいませ～♪」と言う人がいます。

百貨店、雑貨店、スーパーなど、それぞれ売り方の違う店では、それぞれの販売員の〈お店言葉〉に、日常とは違うイントネーションがあります。お客さまは、そんな〈お店言葉〉を使って近づいてくる販売員を避けようとします。なぜなら、そのイントネーションに、「売りつけられるのでは」と感じてしまうからです。

独特なイントネーションで日常とは違うしゃべり方をする理由は、日常の自分とは違う自分を演出することで、「こうして時給800円で、物売りをしている今の自分は、本当の自分ではありませんよ」と主張しているのだと思うのです。それは、販売員という職業に誇りを感じていないからではないでしょうか。

そんな誇りのない人の売る商品を誰が買おうと思うでしょうか。

販売員が、きちんと商品説明した後の「買う買わない」は、お客さまの勝手です。商品をむりやり「売ろう売ろう」と思うから、自分の行動に誇りを持てなくなるのです。

〈しゃべり方〉いかんでは、売る商品の品質を下げることにもなります。日常の自分の言葉で商品を説明することが大切です。それが、買う人に〈偽りのない安心〉という品質をもたらすのです。

ポイント

日常のイントネーションで、店でも話しましょう。

好きですー!
むりやりですがー
いらっしゃいませぇー
押しつけられそう…
低評価
フツーの会話
メシでも食おか
ありがとうございましたー!
またご来店くださーーい

7

〈つくり手〉から素材と思想を聞こう

商品の一生も人間と同じで、誕生して子供から大人、やがて老人となり死んでいきます。これを「商品ライフサイクル」と言います。

しかし〈商品の育て方〉が悪いと大人にならず、途中で死んでしまうこともあります。

〈商品の育て方〉というのは、「どのように商品を売り出し、どのように表現してあげるか」ということです。

その中で〈つくり手〉〈売り手〉は、父親と母親のようなものです。メーカーである〈つくり手〉が父親、販売員である〈売り手〉は母親です。両親は、愛情を持って商品を育てなくてはなりません。

そのためには、販売員は〈つくり手〉であるメーカーにいろいろ話を聞き、どうのように育てるのか、計画を立てます。

たとえ、商品を見たときに愛情が湧かなくても、〈つくり手〉にいろいろと話を聞いていく途上で、愛情が生まれてくることもあります。手間をかけていると、愛情は深まっていくものです。

メーカーに話を聞くとは、「その商品はどんな素材からできているのか？」「どうして、その商品を思いついたのか？」「どんな主義主張でつくったのか？」という、〈素材〉と〈思想〉を聞くことです。

私は、良い商品とは、「良い〈素材〉と良い〈思想〉から成り立つ」と考えています。その商品ストーリーを、販売員がお客さまに語ることが、商品を表現し、商品を育てるということなのです。

ポイント

売り手は、つくり手の大切にしていることを聞く姿勢が大切です。つくり手は、売り手を信頼することが大切です。

愛情
愛情
成
長
素材と思想
聞く姿勢
商品

8 お客さまに明るさをアピールしよう

あるアルバイトの女性が、東急ハンズ名古屋店で化粧品を売っていました。１日の売上は、平均４万円だということでした。

「もし、売上が６万円になったら正社員になれるので、２万円売上を伸ばしたい。方法を教えてほしい」と、私に懇願してきました。

私は、彼女の額にパラリと垂れ下がる長い黒髪を見て、「髪の毛を後ろでまとめると、２万円上がるよ」とアドバイスしました。

しかし彼女は、こう答えました。「私はおでこが広く、顔を出すのは恥ずかしいから嫌です」。そこで私は、旧約聖書にある、ひどい皮膚病を患ったナアマンという将軍の話をしてあげました。

ナアマンは皮膚のできものを治す方法を、ある預言者に聞きに行きました。預言者は、「川に身を７回浸せ」とアドバイスしました。

しかしナアマンは、「そんな簡単なことで治るはずがない」と、それを行ないませんでした。預言者はナアマンに言いました。「簡単なことだと思い、バカにしたろう」と。そこで、ナアマンは預言者の言われた通りにすると、病気が治った、という話です。

その女性が髪を後ろにまとめ上げると、次から次へとお客さまがきて、６万円の売上を楽々達成してしまいました。

額や顔を隠すように髪の毛を垂れ下げると、暗い雰囲気になるのです。髪を後ろにまとめ上げることで明るい雰囲気になって、お客さまが近づいてきたのです。

ポイント

顔を隠すのはやめて、お客さまに見やすいようにしましょう。

………
どよ〜〜〜ん
おでこを出して明るくアピールしましょう

……
別の方法で明るさをアピールしましょう

9 買う気を削ぐノイズをなくそう

「お客さまの商品に向かう気持ちを邪魔するもの」――私は、それを「ノイズ（雑音）」と呼んでいます。

ラジオに「ノイズ」が入ると聞きづらくなるように、売場に「ノイズ」があると、お客さまの買おうとする意欲は薄れていきます。

そんな売場における「ノイズ」のひとつが、女性販売員の身につけるアクセサリーや香水です。

よく、腕に「運を良くする水晶の玉」やら、「健康にいいブレスレット」のようなものをつけている人がいます。

健康座布団の販売をしていた女性販売員の腕にも、それがありました。私が彼女の売り方を横から見ていると、お客さまは健康座布団の説明を聞かないで、彼女の腕をチラチラ見ていたのです。

お客さまは、「その腕にしているブレスレットは、肩こりにいい？」などと聞く始末です。

また、無添加石鹸を売っている女性店員がいました。「無添加」ですから、もちろん香料は入っていません。しかし、お客さまはこう指摘しました。「あなた、この石鹸、無添加なのにとってもいい香りがするわね。ちっとも無添加じゃないじゃない」と。

女性販売員は、香水をつけていたのです。

販売員は、女性であれ男性であれ、無味無臭がいいのです。

ポイント

販売員は、お客さまにとってノイズになるものは身につけてはいけません。

ノイズ
ノイズ
ノイズ
ノイズ
ノイズ
?
購買意欲
DOWN

10 立ち位置をずらしてお客さまを呼び込む

お客さまが店の中に入ってくると、その人が自然に通ると思われる経路が予想できます。

なぜなら店は、お客さまの一般的な行動パターンを予測して、いろいろな商品の売場や動線となる通路がつくられているからです。多くのお客さまは、それに沿って移動します。

たとえば、あなたが車を運転するときとか、誰か他の人の車に乗せてもらっているときのことを想像してみてください。

よほど急いでいるときとか、イライラしているときを除いて、周囲の車のスピードに合わせて走るはずです。

それと同じように、店の中でお客さまは、他のお客さまとともに、全体の動きに合わせて買物を楽しみます。

しかし、風の強い日や雨の日には、晴れている日の運転の仕方とは変わります。悪条件や障害物に合わせて、ふだんとは違う行動をとるからです。

店で買物をするお客さまも、通路に商品ダンボールが山積みになっていたり、台車が置きっぱなしになっていると、歩く経路が変わります。

そうしたことを常に考えていれば、自分の立ち位置を少しずらすことで、お客さまの歩く経路を変えることができるのです。

ポイント

自分の立ち位置を変えて、お客さまの動線を変えましょう。

うぅ〜ん…
コト…
王将
飛車
角行

11
2人で販売する場合のやり方

ひとつの陳列台の前で2人で販売するとき、お互いに競争をしてはいけません。お客さまは、商品説明をしているあなたよりも、もう1人の販売員の話が気になってしまうからです。

1人が商品説明をしている間は、もう1人は、説明がしやすいようにしてあげることが大切です。つまり、説明している販売員の〈次の行動の手助け〉をするのです。

サッカーにたとえると、アシストする選手と、シュートする選手のコンビネーションプレーのようなものです。

お客さまは、お客さまがいるところに集まります。そこで何が起こっているのか、興味津々だからです。

お客さまは、販売員から商品説明をされる当事者になるとプレッシャーがかかるものですが、他人が説明を受けているのはリラックスして聞くことができます。

ですから販売員も、目の前のお客さまに売ろうとするのではなく、淡々と商品説明をしましょう。すると、後ろで聞いているお客さまが、その商品に興味を示しはじめて、案外買ってくれるものです。

もう1人の販売員は、さりげなく後ろにお客さまを並べるために、お客さまを引き寄せ、お客さまが聞きやすい立ち位置をつくり出すことに専念するのです。

ポイント

販売員同士が競争をしてはいけません。商品説明をする販売員と、それを手助けする立場と、役割分担をすることです。

販売員は役割を分担する

「購買の５階段」のポイントチェック

階段を昇りはじめる前に

① 朝15分の「ゆとり」の時間を持とう
② 周囲に「あいさつ」を続けると、売れるようになる
③ 意味のない「いらっしゃいませ」は言わないようにしよう
④ 手に何も持たないことが「売る」工夫をする第一歩
⑤ 「売れない」原因を、誰かのせい、何かのせいにしない
⑥ 店内でもふだんのイントネーションで話そう
⑦ お客さまに「商品ストーリー」を語ろう
⑧ お客さまに明るさをアピールしよう
⑨ お客さまの「買う気」をなくすノイズをなくそう
⑩ 自分の立ち位置で、お客さまの動線は変わる
⑪ 販売員同士が競争してはいけない

4章

【第1階段】

お客さまに「えっ、何？」と思わせる18のワザ

12 棚にある商品を拭きながら息を整えよう

私は販売員に、よく「店頭では、踊りなさい」と言います。

「踊りなさい」というのは、本当に踊るのではなく、お客さまに「動きを見せなさい」という意味です。

動くことで、お客さまは気軽に声をかけてくれるようになります。お客さまに、「売られる」という身構えがなくなると、気軽に声をかけてくれるようになるのです。

人は、〈動きのあるもの〉に注意を向けます。

最近、歩きながらスマートフォンを使っている人の事故が多い、というニュースを見ました。その理由は、「絶えず動く画面に注意が集中して、周囲が見えなくなる」ということでした。

気軽に声をかけてくれて、お客さまと販売員との心の垣根が低くなってくると、「ところで、この商品って何？」となり、はじめて商品を買ってくれる可能性が上がってくるわけです。

では、どのように動けばいいのかと言うと、お客さまと話すタイミングをつかむために、〈息を整えながら〉棚にある商品を拭いたり、磨いたりする作業をするのです。

すると、いつの間にかお客さまがあなたに近づいてきて、「何、この商品？」となって、最後に「ありがとうございました」とお辞儀をすることになるのです。

ポイント

棚にある商品をリズミカルに拭きながら、お客さまを観察しましょう。

じ〜〜っ
ハァ
ハァ
♪
観察
安心感
なんか変な人が踊ってるよ
まぁコワイわね
警戒心

13
一方のお客さまはキッパリ捨てよう

通路を歩くとき、東京の人は左側通行、大阪の人は右側通行です。

エスカレーターも、東京の人は左側、大阪の人は右側に立ちます。

このことを覚えておくと、販売員であるあなたは、これから大いに売れるようになります。

なぜなら、この歩く側、立つ側の違いから、お客さまが感じるあなたへの印象が違ったものになるからです。

自分が売る商品のある側の通路をお客さまが歩いてくるのか、それとも向かい側の通路を歩いてくるのかによって、あなたが〈親切な販売員〉になるか、それとも〈邪魔な販売員〉になるかの違いが出てくるのです。

たとえば、通路を歩く人が多くなる時間帯に、向かい側をあなたに向かって歩いてくる人に、チラシを渡そうと手を伸ばすと、自分の商品のある側をあなたに向かって歩いてくる人には、進行妨害の〈邪魔な販売員〉となってしまうわけです。

そんなとき、多くのお客さまの心の吹き出しには、「強引な販売員だな」という言葉がつぶやかれています。

大阪で販売が上手な人が、東京ではさっぱり売れないという理由は、こんなことも関係してくるのです。

そこで大切なことは、どちらか一方の側のお客さまをキッパリと捨てる、という思い切りなのです。

ポイント

お客さまの進行方向と歩く側を観察し、どちら側のお客さまを捨てるのかをキッパリと決めましょう。

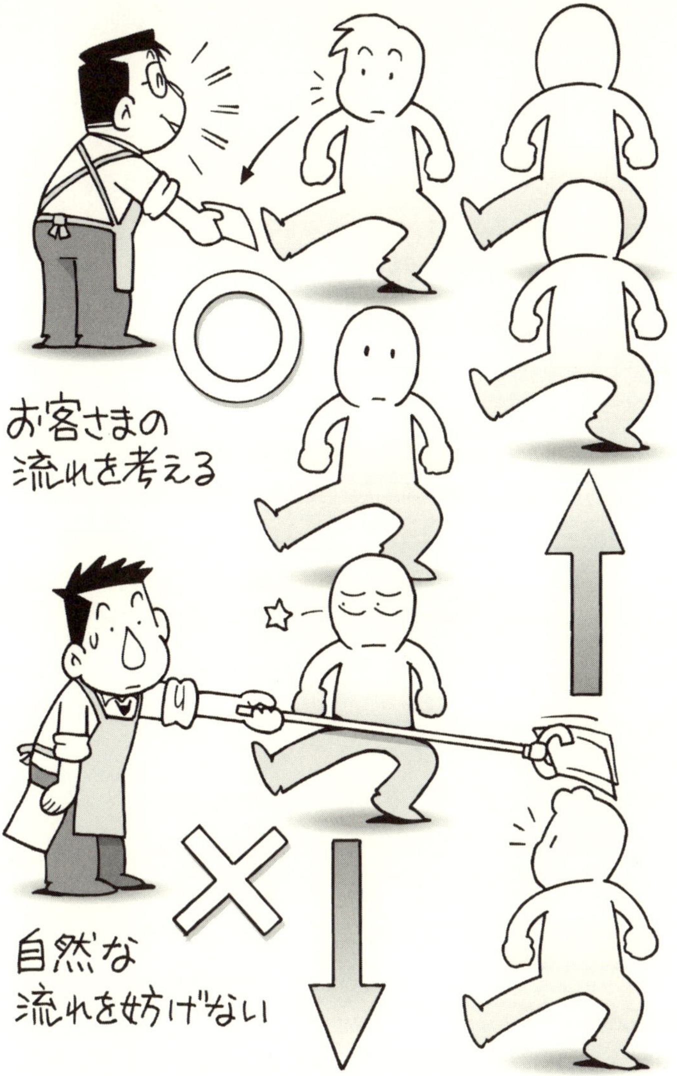
お客さまの
流れを考える
自然な
流れを妨げない

14

お客さまに声をかけるタイミング

お客さまに「何をお探しですか？」と声をかけて、「いや、けっこうです」と言われて意気消沈したことはないでしょうか。そんな繰り返しでだんだん臆病になり、お客さまに声をかけることに二の足を踏むようになるのでしょう。

それどころか、“お客さま恐怖症”に陥ってはいないでしょうか。何度も何度もお客さまから拒否されると、慣れるどころか、どんどん怖くなるのです。それが人間としての、当たり前の感情です。

声のかけ方には、〈コツ〉があるのです。

ポイントは、お客さまが商品を「見ている」のか、「見つめている」のか、目線を見て判断することです。

商品を「見ている」お客さまは、心の中で「何か面白い商品はないかな」と思っているものです。まだ、自分のニーズが見つかっていないのです。そんなお客さまに、「何かお探しですか？」と言ったところで、「いや、けっこう（見ている私の邪魔をしないで）」と拒否されてしまうわけです。

商品を「見つめている」お客さまが、商品を手に取って、「字が小さくて読めないな」とか、「あの商品との違いはどこなんだろう？」と心の吹き出しに出たときが、販売員の応援がほしいときなのです。

そのタイミングで販売員が声をかけると、「イヤー、いいときにきてくれたなあ～」と、お客さまは感じるのです。

ポイント

お客さまの目線で、声をかけるタイミングを計りましょう。

［見ている］
See
………

［見つめている］
Look
気のきかん
奴だな…
………

15 声の躍動感がお客さまを引きつける

お客さまへのあいさつ、たとえば「おはようございます」は、単調に言ってはいけません。

声の単調さは、あなた自身を飽きさせるばかりでなく、周囲の躍動感もなくします。あなたの出す声は、周囲に大きく影響を及ぼすことを忘れてはいけません。

「ため息は命を削るカンナかな」という諺があります。

何度も深いため息をついていると、周囲も不快になって空気がよどんでくるものです。

午前中と午後では、〈声の大きさ〉も、〈スピード〉も変えるべきなのです。午前中は午後よりも小さめの声で話します。なぜなら、お客さまの数がまだ少ないため、十分にあなたの声は届くはずだからです。一方、午後は午前中より大きめの声で話します。お客さまの数が増え、あなたの声が聞こえづらくなるからです。

また、それぞれのお客さまに合わせて、〈声の大きさ〉〈速さ〉を変えるべきです。おじいさんやおばあさんは、聞こえづらいでしょうから、少し大きめの声で、ゆっくりと話しかけます。

①少し大きめに、②ゆっくり、③語尾はキッパリ

これだけのことで、販売員であるあなた自身に躍動感が出てきて、その躍動感のあるところにお客さまは引きつけられるのです。

ポイント

声の大きさや速さは、①少し大きめに、②ゆっくり、③語尾はキッパリと、です。

①少し大きめに
ヒュン
ヒュン
②ゆっくりと
フワ〜〜
キュッ
③語尾は
キッパリ

16
1人のお客さまから大勢を集めるコツ

商品説明をするときの声の出し方には、2種類あります。

それは、対応するお客さまが1人だけの場合と、大勢の人と対応する場合です。

偉大なマジシャン、Mr. マリック氏が以前テレビで語っていました。彼は無名時代には、百貨店でマジックを見せながら手品道具を売っていたそうです。

しかし、待てど暮らせど、お客さまはきません。しようがないので、お客さまのいるエスカレーター近辺まで行き、1人のお客さまを自分の売場まで誘い出し、マジックをはじめたそうです。

1人でも見ている人がいると、次々にお客さまが集まってきて、手品道具もよく売れたそうです。

人を集めるにはコツがあります。

対応するお客さまが1人だけのときのコツは、誰もいなくても、周辺の人にも聞かせるように、1人のお客さまに説明することです。

最初は普通の声で、徐々に大きく声を出すように心がけると、自然に周りにお客さまが集まってきます。

たった1人のお客さまが、魚を集める海老になり、鯛が釣れる状態になるわけです。

ポイント

1人のお客さまに説明するときには、まず普通の声で話します。

そして、周囲を巻き込むことを意識し、しだいに大きな声に変えていきます。

で、ですね
まぁ今の
とこは
フツー
に話を
している
訳ですよ
でも
人数が
増えれば
こりゃ
声も大き
くなる
訳ですよ
キキキ

17 いつもお客さまの目を意識しよう

販売員にありがちな光景ですが、お客さまがフロアに少ないと、あちらをキョロキョロ、こちらをキョロキョロ、店内をウロウロしていることがあります。

販売員がウロウロしている様子は、お客さまからすると、売場全体がさもしく見るものです。

そんな売場に、お客さまは近寄ってきません。

サバンナに横たわるキリンの死骸に、ハイエナが群がる寸前の状態に見えることでしょう。

そんなところにウッカリ近づくと、お客さまは「格好の餌食」にされると感じます。

販売員はトイレに行くときでも、いろいろな通路を通ってバックヤードに下がって行くと、ウロウロしているように見られます。ですから、バックヤードに下がるときにも、自分の歩く道（動線）を決めておくべきです。

視線を、あちこち移して歩くことも禁物です。まっすぐ前を見て、きびきびと自分の動線を移動しましょう。

販売員は、お客さまから、いつもいろいろな角度から見られているのです。

ポイント

販売員はバックヤードに下がるときでも、自分の道順を決めておきましょう。

販売員の動きは
売場全体に
影響する
ひ〜〜
見てないようで
実はしっかり
見てる

18
「あいさつ」でお客さまの警戒心をなくそう

あなたが、棚を見ているお客さまを発見したら、お客さまがどんな商品を見ているのかを観察しながら、その傍をあいさつをして通り過ぎて、いったんバックヤードに下がりましょう。

そのときは、「いらっしゃいませ」ではなく、「おはようございます」とか「こんにちは」という類のあいさつをします。

「いらっしゃいませ」をあえて言わないことで、お客さまの「売られるのかな？」という身構えをなくすわけです。

またお客さまは、「自分の存在を認識してくれて、あいさつをしてくれた」と感じます。

あいさつのとき、軽く会釈をしながら、お客さまを見ます。すると、お客さまが見ている棚の種類がつぶさにわかります。それを頭に入れて、どんなモノに興味があるのかに想像を巡らせるのです。

バックヤードで10数えたあたりで、自分の売場に戻ります。そのとき、先ほどのお客さまのところを通り、「こんにちは。よかったらこれを参考にしてください」と興味を持ちそうな参考資料（手のひらサイズの小さなもの）を渡すのです。

するとお客さまは、あいさつの印象から資料を受け取りやすくなり、また「気がきく店員だな」と思うわけです。

かくしてお客さまに呼び止められ、商品説明を求められるチャンスができます。買っていただくチャンスも大きくなります。

ポイント

お客さまの心の壁を取り除く「あいさつ」をしましょう。

おはようございますー
これよろしければご覧ください
あのー
この商品なんですが…

19 テンポをずらしたあいさつをしよう

海外とのテレビ中継で、映像と音声がズレているのを見たことがあると思います。あのような感じで、お客さまにあいさつをするとき、頭を下げる動作と、言葉を発するタイミングを少しずらすと、思わぬ効用があります。

具体的には、先に無言で頭を下げ、頭を上げた後に「こんにちは」と言うのです。そうすることによって、お客さまの表情を見ることができます。あいさつをされたお客さまのリアクションが、表情でわかるのです。

あいさつをしても何の反応も示さないお客さまは、通路を通り抜けに使っているだけの可能性が高いと言えます。目的買いや、トイレなどに行くお客さまです。ですから、どんなアプローチをしようとも乗ってくることはありません。

落語で「まくら」という、噺《はなし》の最初に軽い笑いをとるツカミがあります。落語家は「まくら」を話しながら、その日の観客を観察します。今夜のお客さまは、どういう噺を喜ぶだろうか、と瞬時に考えるのです。

ワンテンポずらしたあいさつは、それと同じです。

相手の表情を見ながら、あいさつでキッカケをつくっていけるお客さまをたくさん探すことです。

ポイント

あいさつをするときは、頭を下げる動作と、言葉を発するタイミングを少しずらして、お客さまの表情を見ましょう。

①
こんにちは
②
観察
ふだんからテンポが
ズレてるので
とっても
ウマイ

20 年齢層に合わせた3パターンのあいさつ

お客さまは、マニュアル式の接客をあまり好きではありません。

お客さまは、〈自己重要感〉という、「自分は重要な人物であり、とても優れた人物である」という感情を満たしてくれる販売員を好きになるものです。

しかし、マニュアル式接客では、どのお客さまも「その他大勢」扱いで、〈自己重要感〉など満たすことはできません。

「その他大勢」から、「あなたは特別」と、お客さまに対して〈自己重要感〉を表現するだけで、売上は格段に上がるのです。

そのためのひとつの方法として、3パターンの「あいさつ」を使い分けるものがあります。

①学生の人には、「半クエスチョン」とか「半疑問」と言われる話し方をすると親しみが出ます。
「無添加の石鹸？　何が違うの？　ウッソー、ホントだ！」のように語尾を上げて発音し、仲間的な「あいさつ」をするのです。

②勤め人には、テキパキと、語尾を「です。ます。ございます」で終わらせるようにハッキリと話し、少しスピーディーに「あいさつ」をします。

③お年寄りには、大きめの声でゆっくりとしゃべり、それに合わせたようにゆっくりとお辞儀をします。

年齢層に合わせた3パターンを使い分けるだけで、あなたは特別なお客さまを応対しているように見せることができるのです。

ポイント

学生、勤め人、お年寄りの3パターンのあいさつをしましょう。

親しみ
テキパキ
ゆっくり
3パターン
使い分け

21 子供にこそ、きちんとあいさつをしよう

販売員の中には、大人にはあいさつをするものの、小さな子供にはあいさつをしない人がいます。

しかし、「将を射んと欲せば、まず馬を射よ」という諺もあるように、小さな子供の後ろには親がいます。

ですから小さな子供とあなどらず、きちんとあいさつをするようにしましょう。

私は、小さな子供にも視線をしっかりと合わせて、「こんにちは」と一礼しています。

するとその子供も、視線が合っていることで、自分に対してのあいさつだとわかり、「こんにちは」だったり、照れてしまって親の後ろに隠れるなど、何らかのリアクションを返してくれます。

すると、その子供とのやりとりから、親であるお客さまの警戒心や心理的な隔たりがなくなり、すうーっと自然に会話ができるようになるのです。

そんな会話ができるようになるということは、「えっ、何それ」と言ってもらえるチャンスが増えるということです。

そして、そのチャンスが増えるということは、買ってもらえるチャンスが多くなるということでもあります。

ポイント

子供連れのお客さまを見かけたら、チャンスと思って子供にもしっかりあいさつをしましょう。

こんにちは〜
子の後ろに親がいる…
こないだの変な人に声かけられた
ええええ〜？

22
お客さまに買物カゴを渡そう

商品を手に持って棚を見ているお客さまがいたら、「どうぞお使いください」と言いながら、買物用のカゴを渡しましょう。

しかし、ただ単にカゴを渡すだけでは十分ではありません。お客さまが手に持っている商品をカゴに移すとき、どんな商品かをハッキリと見てください。

そうすることによって、そのお客さまがどんな商品をほしがっているのか、傾向と対策がつかめるのです。

化粧水を買っていれば、たとえば石鹸や美容液をおすすめすると、買ってくださる可能性が大いにあります。

カゴを渡して受け取られたお客さまからは、「どうもありがとう」とか、「気がきくわね」といった、何らかの言葉が返ってきます。

このひと言を交わした時点で、すでに販売員とお客さまとの間に存在している心理的な壁は低くなっているのです。

その心理的な壁が低くなっているときに、サッと手のひらで新商品を指して、「あれが、今月新発売になった石鹸です」と言ってみると、お客さまから、「これまでのモノとは何か違うの？」と聞いてくることがあります。

そうなると、もうお客さまを新発売の石鹸の前に連れて行って説明するだけです。

説明する回数が多ければ多いほど、商品は売れるのです。

ポイント

商品を手に持っているお客さまには、買物カゴを渡しましょう。

どうぞ
お使いください
そんな重たいもの
持てませんわ.
持って
くだ
さらないの
？
あら.じゃ
それもいただくわ
こちらも新商品で
ございます

23
手づくりPOPの見せ方

お客さまの足を止めるひとつの方法として、「POPで見せる」という手があります。POPは「もの言わぬセールスマン」とも言われ、店員の商品説明を補ってくれる販促ツールです。

POPのポイントは、「パッ（P）と見せて、オッ（O）と思わせ、ピン（P）とこさせる」という3要素です。

「パッと見せて」お客さまの注意を引くには、ひと目で内容がわかることが大切です。字は大きく、10文字以内で表現しましょう。

次に「オッと思わせる」には、お客さまが見た瞬間のインパクトが大事です。写真を使ったり、色で表現したり、字体を工夫します。

「ピンとこさせる」には、商品に興味を持ってもらうことが大切です。そのためには、商品をひと言で表現するといいでしょう。その表現の仕方は、商品の特徴を音で表わすのです。

犬の鳴き声の「ワンワン」や、元気のない人が「トボトボ」と歩いていたり、星や宝石が「キラキラ」と光っていたりするような、音で表現するのです。

しかし、せっかくつくったPOPも、見られないのでは無駄になってしまいます。お客さまが歩きながら見える位置に並べましょう。

人はカニのように横歩きをしませんから、通路に平行に並べるのではなく、少し斜めにします。また高さは、首を10°上下すれば見える位置にします。

ポイント

手づくりPOPの見せ方は、「パッと見せて、オッと思わせ、ピンとこさせる」ことです。

P
パッと見せて
O
オッと思わせ
P
ピン！とこさせる
バンバン儲かります！
ワタシが!!
どうすか？

24 商品の前でお客さまの足を止める方法

「あれば便利だけど、なければないでいい」という不要不急の商品があります。そんな商品は、テレビや雑誌で宣伝をしない限り、お客さまが、進んで商品説明を聞いてくれることなどありません。

そんな商品の説明を聞いてもらうためには、まずお客さまの足を止める必要があります。

その一番良い方法は、お客さまの、目か耳に訴えかけることです。

人には、〈五感〉というものがあります。「見る」「聞く」「触る」「味わう」「嗅ぐ」という５つの感覚です。「見る」「聞く」に訴えかけると、お客さまの足を止めることができるのです。

黄色の目立つパッケージの商品があります。しかし、棚にひとつあるだけでは目立ちません。たくさん積み上げて塊になって、はじめて黄色の存在感が出て、お客さまの注意を引くことができます。

ここに風鈴があります。しかし、飾ってあるだけでは誰も足を止めません。風を送って、風鈴の音がお客さまの耳に入ってはじめて、お客さまの足が止まるのです。

お客さまが足を止めてくれることによって、商品説明をすることができ、たくさん売ることができるのです。

ポイント

お客さまに商品を買ってもらうためには、商品の前でお客さまの足を止めなくてはなりません。

そのためには、目に訴えるか、耳に訴えるといいのです。

目と耳に訴える!!
でえいっ
触るって手もあるよな……

25

お客さまに接触するキッカケをつくる

大手の家電販売店から、「売上を上げたい」とアドバイスを求められたことがあります。「大阪の店が、東京の店と比べて成績が振るわない」ということでした。大阪の店も、東京に劣らずたくさんのお客さまがくるのに、売上が上がらないと言うのです。

私は数日間、店の前に立って出入りするお客さまを調べました。

たしかに、たくさんのお客さまが店に入ってきました。しかし、そのお客さまたちは、通りから裏路地へ抜けて行ってしまったのです。

1000人のお客さまがいたとしても、あなたが売っている商品に関心を示すお客さまがいない限り、売上はゼロです。その1000人のお客さまは、通行人と同じです。

その通行人に接触して、話してみなければ、売れる可能性は出てきません。お客さまへの〈接触率〉に比例して商品は売れるものです。そんな接触する〈キッカケをつくる〉ことが、まず大切なのです。

棚を見ているお客さまのそばを通ると、お客さまは販売員であるあなたの存在を認識します。お客さまはそのとき、あなたが商品を売りつけに来たと感じます。しかし、ただ通り過ぎただけです。

お客さまは、「売りつけられない」ことに安心しますが、その安心感とともに、あなたの存在を認識したことが、実は〈キッカケをつくる〉はじまりなのです。

ポイント

売上のはじめは、お客様との接触です。

接触率を上げるために、棚を見ているお客さまの近くを通り過ぎてみましょう。

お客さま…？
通行人…？
接触

26
笑顔を引き出すアプローチの仕方

〈顧客接触率〉という、お客さまと接触する割合が増えるほど売上がアップするという法則があります。しかし、お客さまに近づくだけでは、接触率を上げたことになりません。

お客さまに実際に話しかけて、リアクションを得なくては、「接触した」とは言えないのです。

自然な形でお客さまに接触し、具体的に提案する方法を前にお伝えしましたが、もう一度簡単にまとめておきます。

棚を見ているお客さまの近くを通り過ぎ、バックヤードに入ります。お客さまが立ち去る前に、見ていた棚からお客さまのニーズの傾向をつかんで対策を立て、お客さまの近くを再び通過します。

そのとき、その対策として用意した小さなチラシなどを渡して、自分の得意な切り口で接触をすると、お客さまは意外に簡単に応じてくれるものです。

あなたからのお客さまへの接触、すなわちアプローチにより、お客さまの心の中に潜んでいた、「ああ、こんな商品がほしかった！」というニーズに気づかせる可能性があるのです。

お客さまがお買い上げになると、「本当にいいものを紹介してくれたわ」という返事になって、すべてが喜びに変わります。

あなたのアプローチが、お客さまの笑顔を引き出すのです。

ポイント

バックヤードなどを利用して、自然かつスムーズにお客さまへのアプローチを試みましょう。

バックヤードは効果的に利用する.

リアクションがあってはじめて「接触」!

27 「買ってくれるな」という呪文のあいさつ

あなたは、棚を見ているお客さまの近くを通り過ぎて、安心感を与えるとともに、あなたの存在を認識させました。

ここでさらに、お客さまにあいさつをすると、より心の壁が低くなると前述しました。ただし、「いらっしゃいませ」は、「買ってほしい」というお客さまへのプレッシャーになってしまいます。つまりこのあいさつは、「買ってくれるな」という呪文になるのです。

では、どんなあいさつがいいかと言うと、「おはようございます」「こんにちは」というディズニーランド式のあいさつです。

誰かに「おはようございます」と言われたら、「おはようございます」と返したくなりませんか？

「こんにちは」も「こんばんは」も、返したくなります。

では、「いらっしゃいませ」はどうでしょう。「いらっしゃいました」なんて返さないですよね……。

ですからディズニーランドでは、「いらっしゃいませ」ではなく、「おはようございます」「こんにちは」「こんばんは」で統一している、とディズニーランドの人から聞いたことがあります。

「いらっしゃいませ」だと返事もせず、そのまま行ってしまう人も、「こんにちは」と言われると、思わず「こんにちは」と返したくなってしまいます。つまり、ゲストとのコミュニケーションを一方通行ではなく、「双方向のあいさつ」にするということなのです。

その話を聞いて以来、私もそれを実行しています。

ポイント

お客さまから返事が返ってくるあいさつをしましょう。

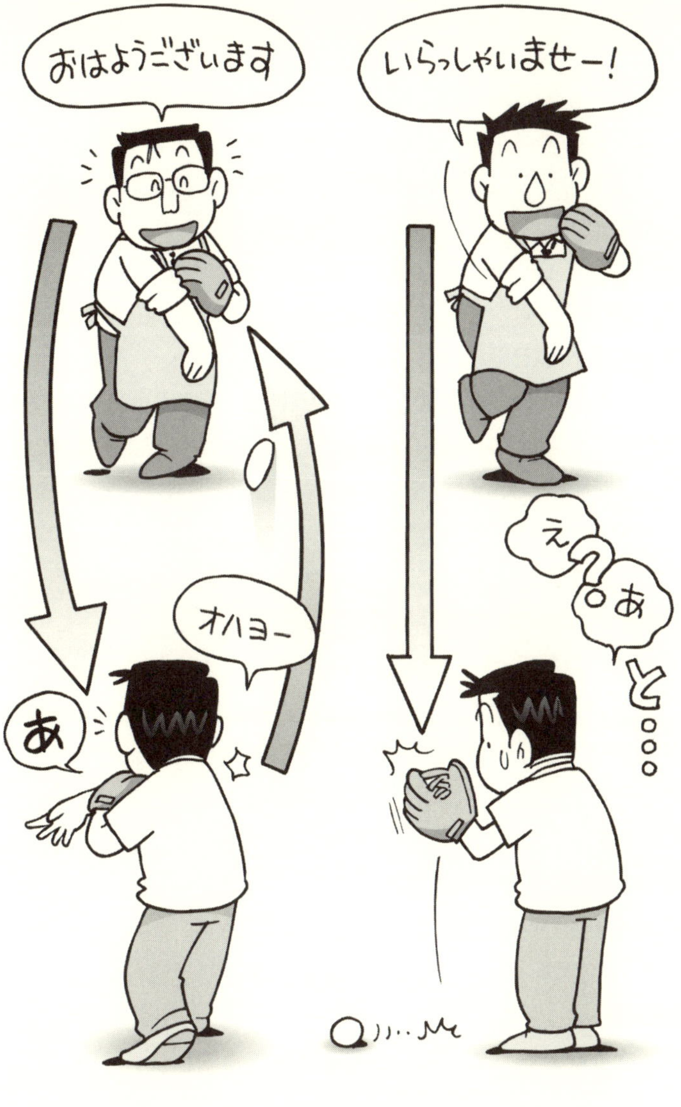
おはようございます
あ
オハヨー
いらっしゃいませー！
え？あ
と…

28 お客さまの視線がキッカケづくりのヒント

お客さまとの接触率が上がると売上が上がる、と何度も言いました。ですからあなたは、お客さまと接触するキッカケをつくればいいわけです。そのために、棚を見ているお客さまを観察しようとも言いました。

今度は、さらにもう一歩踏み込んで、お客さまに近づいたとき、その視線の行っているところを追って、どんな商品に関心があるのかを「推測」してみましょう。

お客さまの視線が美容液に行っていれば、美肌に関心があるわけですから、化粧水や石鹸にも関心があることが推測できます。

また、枕に視線が行っていたら、安眠に関心があるわけですから、マットやアロマにも興味があるはずです。

その推測を踏まえて、あなたが、お客さまにスムーズに話しかけられるところから、切り込めばいいのです。

美容液に目が行っていても、今評判の化粧水にあなたが入れ込んでいる（自信がある）のであれば、「美肌には、今この化粧水が評判です！」と言って、そこにあるチラシを渡せばいいのです。

するとお客さまから、何らかの返答が返ってくるでしょう。

「美容液が切れかかっているので、違う美容液に変えようとしているのよ」とか、「そんなに評判なの？　この化粧水」などです。

お客さまをじっと観察すれば、そんな具体的な〈キッカケづくり〉のアイデアが次々に湧いてきて、実行できること請け合いです。

ポイント

お客さまを観察して、関心のある商品を推測しましょう。

化粧水を見てるな……でも女性用だぞ…
買ってきてね
奥さんに頼まれたんだな…恐妻家かな…
じゃ何かプレゼントとか有効じゃないかな…
指輪とか？……高いよな…
石けん
そもそも俺、なに売ってたんだっけ…

29
受け取ってもらえるチラシの渡し方

お客さまの足を商品の前で止めることは、大切なことです。

商品チラシを手渡すことも、足を止めるひとつの手段です。しかし、チラシはなかなか受け取ってもらえるものではありません。

ポイントは、ティッシュ配りのように誰彼かまわず渡さず、受け取ってもらえるように「差し上げる」のです。そのためには、お客さまの歩くスピードに合わせてチラシを渡すことです。

お客さまが自分のほうに歩いてくるのを見たら、自分からお客さまのところに「イチ、二、サン」の３歩のリズムで近寄って行き、チラシを渡す、というタイミングがいいでしょう。

そのとき、腕を真っ直ぐ伸ばして渡しましょう。受け取ってもらえなかったら、今まで自分が立っていた位置までいったん戻ります。そして次のお客さまに、もう一度「イチ、二、サン」のリズムで向かって行くことです。

効率を考えて、バスの乗降口や、エスカレーターの乗り口でお客さまをつかまえようとしてはいけません。

人はバスから降りたり、エスカレーターに乗るといった行動をしているときには、自分の安全を考えて、頭がいっぱいになっています。効率がいいと思われるような場所が、むしろチラシの受取率が一番悪い場所ということもあるのです。

ポイント

チラシは、お客さまに「イチ、二、サン」のリズムで差し出すタイミングが大切です。

1
2
3
はいっ
!
お母さん
あのね
…
まさか また
踊ってたんじゃ
ないでしょうねっ

「購買の５階段」のポイントチェック

【第１階段】お客さまの興味を引く

⑫ 動きながら、お客さまと話すタイミングをつかもう
⑬ 右側か左側か、一方のお客さまはキッパリ捨てよう
⑭ お客さまに声をかけるタイミングを目線で計ろう
⑮ 声の大きさや速さを工夫することで、躍動感が出る
⑯ １人のお客さまからでも、話し方しだいで人は集まる
⑰ 販売員は自分の動線を決めて、きびきびと移動しよう
⑱ お客さまに「いらっしゃませ」は言わない
⑲ あいさつに対するお客さまの反応を観察しよう
⑳ お客さまに〈自己重要感〉を感じさせるあいさつをしよう
㉑ 子供にあいさつをすれば、親と話すきっかけになる
㉒ 買物カゴがお客さまとの壁を低くする
㉓ POP は10 字以内で、音で表現しよう
㉔ 目に訴え、耳に訴えてお客さまの足を止める
㉕ あなたの存在をお客さまに認識させよう
㉖ バックヤードを利用して、お客さまにアプローチする
㉗「おはようございます」「こんにちは」とあいさつしよう
㉘ お客さまの視線から、関心のある商品を推測しよう
㉙ 商品チラシは「イチ、ニ、サン」のリズムで渡す

5章

【第2階段】

「で？　それで？」と関心を持たせる9つのワザ

30 2種類の販促物の使い分け方

販促物とは、商品の認知度を上げたり、お客さまが買ってくれることを期待して配られるものです。

町中で配られている、シャンプーやガムなどをもらったことがある人もいるでしょう。これが〈ノベルティ〉という販促物です。

また、販売員から「これを買ったら、これをおつけします」と言われて、得した気分になって商品を買った人もいるのではないでしょうか。これは〈プレミアム〉という販促物です。

商品を売るとき、メーカーの営業の人から「これを配ってください」とか、「商品に景品としてつけてください」と言われる場合があります。そんなときは、何を目的にそうするかを、しっかりと考えることです。考えることにより、言われたままにするのとは、まったく違った結果が出てきます。

「これを配ってください」というのは、商品の認知度を上げたいということで、「配られる数」が結果として求められます。

「商品に景品としてつけてください」というのは、「景品をつけることで買うのを誘ってください」ということですから、「売上を上げてください」ということです。

メーカーにその目的を直接聞けばいいのですが、聞きにくいこともあるでしょう。そんなときは、〈ノベルティ〉なのか〈プレミアム〉なのかを目安に判断すればいいのです。

ポイント

販促物は、目的をハッキリ意識して使いましょう。

認知する
購買決定
ノベルティ
購買決定
付加価値
プレミアム

31 商品説明のスピードはゆっくりめに

あなたが、お客さまの立場で販売員から説明を受けたとき、「こんなに説明してもらったら、買わなければ悪いかな？」というプレッシャーを感じたことはありませんか。

逆に、販売員の立場になると、「いい加減な商品説明をして、お客さまを不快にさせてはならない」、さらに「何とかして売りたい」というプレッシャーがあります。

このプレッシャーから、お客さまともども解放されるには、商品説明のスピードをゆっくりめにするといいのです。

具体的に言うと、1分間に句点（。）も入れて、250文字の割合で話します。句点で、たまにジェスチャーも入れます。

文章でなく、キーワードと思われる単語を、短い文節で並べていけばいいのです。たとえば、このようにです。

「石鹸です。新商品です。つくり方を変えました。大量生産ではありません。釜で職人が練り上げます。釜の温度がポイントです。職人が舌で味を見ます。天日で乾かします。27日かけてです。ピアノ線で切ります。形は不格好です。自然工法です。界面活性剤は一切なし。無添加。新しい素材。2つ。水素。肌を錆びつきから守ります。マグネシウム、デトックス。肌に大切な皮脂を残します。乾燥から守ります。つっぱりません。ツルツルです。肌に優しい石鹸です」

これを紙に書いて商品の下に挟んで置いて、お客さまと横並びに並んで、読めばいいだけです。

ポイント

商品説明は、1分間に250文字の速さでしましょう。

ドーン!!
お伝えしたいコトは全部言わないと…
あれもこれもそれも
アレ
コレ
ソレ
だから
こう
ね
250文字/分

32

売ろうとしないトークづくり①商品の物語

こう言うとビックリされるかもしれませんが、商品を売ろうとするトークでは、商品は売れません。

理由は、販売員の一方通行のトークになるからです。

〈売ろうとしないトークづくり〉に専念すると、売れるのです。お客さまがほしがっている情報が伝わって、喜ばれるからです。

では、その〈売ろうとしないトークづくり〉とは、どんなものでしょうか。

それはまず、「商品の物語」をつくることです。

そのためには、お客さまが何を知りたいかを考えることです。「自分がこの商品を買うとしたら？」という立場に立って考えてみるのです。その疑問にしたがって、いろいろと調べてみるのです。

いろいろな人に話を聞いてみます。すると、たくさんの発見があるはずです。そうなると、商品に関心が出てきます。関心を持てば、さらに突っ込んで調べたり、人に聞くでしょう。すると今度は、違う発見でワクワクしている自分自身に気がつきます。

そんなワクワクを、人に伝えたくなります。

伝えられた人も、ワクワクドキドキすることでしょう。

それが〈感動〉です。

〈感動〉があるところに、商品は売れるのです。

ポイント

「自分がこの商品を買うとしたら？」という立場で考えると、感動が伝わる「商品の物語」ができます。

こんな私
でも まあ
じ～ん
いろいろ苦労
もあったん
ですよ…

33
売ろうとしないトークづくり②商品説明チャート図

「商品のたしかさ」についてのチャート図をつくって、商品の材料や原料がいかに安全・安心かを語りましょう。それにはまず、自分で商品カタログを読んで、「これは大切だ」と思ったものを、素材として選びます。次に、その素材について調べます。

①この素材は、どんな製品に使われていて、人体に害はないのか？
②この素材は、どんな効果があるのか？　なぜ、そう言えるのか？
③この素材の元は何か？　産地はどこか？　素材の特色は？

たとえば、私が売っていた美容ジェルに、〈カロチン〉という成分がありました。そこで調べてみると……。

①野菜ジュースに入っているし、人体に害はない
②肌が明るくなる。ビタミンＡが生成する前の物質であるから
③マレーシアで採れるヤシの実から抽出したもので、ニンジンの５倍の量が含まれている

これをトークにアレンジすると、次のようになります。

「このカロチンというのは、赤い野菜ジュースにたくさん入っているもので、ニンジンに多く含まれているんです」

「肌が明るくなる効果があります。というのは、ビタミンＡの前駆体と言って、体の中でビタミンＡに変わるのですが……」

「マレーシアで採れるヤシの実から抽出した自然のもので、その量はニンジンの５倍です」

商品内容を調べて書くという作業をすると、自然に頭に入ります。

ポイント

商品の安心・安全をアピールするチャート図をつくりましょう。

安心・安全
黄金ハット！
おじさん今日は
踊らない
の？

34

売ろうとしないトークづくり③ストーリーの流れ

お客さまに、〈起承転結〉の流れでトークをしていたのでは、商品はいっこうに売れません。お客さまは、いついかなるときでも、「時間がない」と言います。お客さまはあなたの話が終わる前に、商品の前から立ち去ってしまうでしょう。

話がうまい人と、〈売れる人の話〉はまったく違います。話がうまい人の話の流れは、〈起承転結〉を踏まえています。しかし、〈売れる人の話〉は、**〈結起承転結〉**なのです。

たとえば、私が売っていた石鹸は、活性水素水を使って、顔がつっぱらずにスベスベになることを特徴としていました。私はそれを売るのに、次のようなトークをしました。

まず、イメージ的に「プルプル肌」と言いました。→**〈結〉**

次に「プルプル肌」になるための成分が、「活性水素水」であると言いました。→**〈起〉**

次に「なぜそうなるのか？」「フリーラジカル除去。だから肌を錆びにくくする」と言いました。→**〈承〉**

さらに、どんな権威ある人が認めているのかを話しました。「テレビによく出ている、○○大学の△△先生が言っています」→**〈転〉**

そして、もう一度〈結論〉で締めくくるのですが、ここがコツです。

トークの最初に言った「プルプル肌」とは違う〈結論〉で締めくくるのです。

「5 歳若く見えるようになります」→**〈結〉**

ポイント

売れるストーリーの流れは、〈結・起・承・転・結〉です。

結
起
承
転
結

35
商品説明はイメージに訴えよう

犬の鳴き声は「ワンワン」、セミは「ミンミン」というように表現するのが〈擬音語〉です。元気なく「トボトボ」と歩く、宝石が「キラキラ」と光る、というように表現するのが〈擬態語〉です。

「犬が吠えた」と言うよりも、「犬がワンワンと吠えた」と表現するほうが、リアルに光景が頭に浮かんできませんか？

産まれてすぐの赤ちゃんが最初にすることは、お母さんに抱きついてオッパイを吸うことです。

赤ちゃんがオッパイを吸うときにできる音が〈M〉だと、言語学の本で読んだことがあります。だから「マザー」とか、「ママ」という言葉ができた、とありました。

言葉には、右脳を刺激する言葉と左脳を刺激する言葉があるそうです。右脳は「イメージ脳」、左脳は「論理脳」と呼ばれています。

商品について、お客さまに理屈であれこれ言うよりも、感覚でイメージを持ってもらう、つまり右脳を刺激する擬音語や擬態語を効果的に使うと、〈納得度合〉が違ってきます。

お客さまの〈納得度合〉が上がると、売上も上がるのです。

ですから、売っている商品の特徴や効果を、擬音語、擬態語で表現する方法を練習すると、みるみる売上が上がります。

たとえば、このようにです。

「このヌルッとした美容液を一滴お肌に落とすと、ほら、スベスベ肌になります」

ポイント

商品説明に擬音語、擬態語を意識的に使いましょう。

ヌルッ
な行は
ねばった
感じ
ネバネバ
ぬるぬる
スベスベ
さ行は
さわやかな感じ
サラサラ
しっとり
ちなみに
テェラテェラ
母音のえは
使い方を間違えると
品がなくなるので
要注意！
へぇらへぇら

36 寅さん式リズムをつかもう

「私、生まれも育ちも葛飾柴又です。帝釈天で産湯をつかい、姓は車、名は寅次郎、人呼んでフーテンの寅と発します」

おなじみフーテンの寅さんの有名な口上です。この小気味の良い寅さんのしゃべりのテンポが、実は、お客さまが商品を買ってくれるリズムなのです。

前項で、右脳、左脳の話をしましたが、別名、計算脳と言われる左脳では、商品の説明を理解するのにちょっと時間がかかります。

ところが、イメージ脳と言われる右脳は、感覚的に一瞬でピンとくるのです。その右脳に働きかけるのが、話のテンポです。

そのテンポを崩すのは、接続詞なのです。

「だから～」「したがって～」「さらに～」「すなわち～」……

販売員の話を聞いていると、接続詞が多く、また文の切り方が悪いため、ダラ～ッとトークが間延びして聞こえる人がいます。そういうトークでは、お客さまの頭の中に商品の像が浮かび上がってこないのです。

「この石鹸は～、新成分が～、だから～、それが～、肌に優しいのです。したがって～、さらに～配合の成分が、すなわち～いいんですよね」というような説明トークでは売れません。

「テンツクテン、テテンガテン、トテチタテン」。こんなテンポで商品説明ができるようになると、人の３倍は売れるようになります。

ポイント

極力、接続詞を省いて、テンポよく話すように心がけましょう。

ほぅ
へぇ
なるホドッ!
タッ!
タッ!
タ・ー!!
ダラ〜〜ー。。。
したがいまして…
つまり…
結局は…
何が言いたいのか…

37 売場にあるノイズを排除しよう

ノイズとは、ラジオにザーッと入る雑音のことです。

ノイズは、集中して聞くのに邪魔になります。

女性販売員のアクセサリーや香水が、お客さまの「買おうとする気持ちを邪魔する」ノイズになることは前述しましたが、他にもノイズはあちこちで発生しています。

お客さまの足は、商品の前の床に輪ゴムが落ちているだけで、止まるものです。商品が手垢で汚れていると、お客さまの手は商品には伸びません。

こうしたちょっとしたことが、お客さまの「買おうという気持ちを邪魔する」のです。お客さまの足が止まり、手が商品に伸びず、手に取られなければ、売上アップは望めません。

あなたの真向かいで、大声で売り込んでいる販売員がいます。あなたの説明を聞いているお客さまの耳が、そちらの販売員の声に引っ張られます。

これも、「お客さまの買おうとする気持ちを邪魔するもの」です。

こういったノイズを排除して、お客さまの気持ちが商品に集中すれば、売上はアップするのです。

床に落ちているゴミを拾いましょう。商品を磨きましょう。

向かいの販売員に対抗してノイズをつくってはいけません。

ポイント

床のゴミや商品の汚れなど、お客さまの気持ちを削ぐ〈ノイズ〉を排除しましょう。

ノイズ
ノイズ
ノイズ
ノイズ

38 記憶に残る「紙芝居式」商品説明の方法

店頭は雑踏の中にあります。雑踏の中では、人の興味はあちこちに飛びます。お客さまの気持ちはひとところに落ち着きません。

そんな状況で、人はテレビの連続ドラマのようなものを、じっくりと見ようとはしません。そのような商品説明のプロモーションビデオをいくら流し続けても、売上はアップしません。

では、雑踏でお客さまに訴えかけるには、どんな方法がいいのか。

それは、「瞬間にイメージを伝えるもの」です。すなわち〈一話完結の紙芝居〉のようなものです。

紙芝居なら、１枚１枚の絵がつながって、お客さまの頭の中でドラマになります。１枚１枚の絵は切れ切れでも、印象的に頭の中でつながって、お客さまは商品を理解するのです。

ですから説明トークも、最後まで聞かなくてはわからないというのではなく、聞いたなりにわかる、というのがいいのです。

たとえば、「この美容液には、ノーベル賞受賞成分 EGF というのが入っていて、EGF をお肌に補給することにより、年齢とともに低下する肌本来の力を助け、皮膚細胞の新生を促すことができるのです」という長い説明は、次のような点だけを強調するのです。

「この美容液、新成分」「EGF、ノーベル賞」「年齢とともに低下する肌本来の力を助ける」「皮膚の新生を促す」……文章のようなトークは次々に忘れられていきますが、単語だとその場でイメージに置き換えられ、記憶に残るのです。

ポイント

紙芝居のような完結型のしゃべりは、イメージで頭に残ります。

image
複雑な内容は
細かくして
イメージを伝える
……

「購買の５階段」のポイントチェック

【第２階段】さらに、お客さまに関心を持たせる

㉚〈プレミアム〉は、売上アップを期待されている

㉛商品説明はゆっくり、キーワードを並べればいい

㉜お客さまに感動を伝える「商品の物語」をつくる

㉝いかに安全・安心な商品であるかを訴える

㉞商品説明は、まず結論を伝えよう

㉟「スベスベ肌」のようにイメージに訴えよう

㊱「テンツクテン」のテンポで商品説明をしよう

㊲売場や商品をきれいにしてお客さまを呼び込もう

㊳紙芝居のようなイメージで商品を訴えよう

6章

【第3階段】

「へぇー、なるほど！」と納得に変える９つのワザ

39 評判を伝える「ものまね式」販売方法

商品を買ってくれたお客さまが、その商品について、これから買おうとするお客さまに直接伝えてくれると、非常に効果的な宣伝になります。

同様に、その商品に対するお客さまの〈評判〉を、販売員が代わって伝えるのが、「ものまね式」販売方法です。〈評判〉を、リアルに目の前のお客さまに伝えるために、〈ものまね〉をするのです。

メーカーから提供される〈お客さまの声〉も、ないよりはあったほうがいいのですが、できればお客さまが自分自身の耳で直接聞く〈お客さまの声〉のほうがベターです。

たとえば私は、お客さまに次のように言いました。

「札幌でこの美容液を販売したとき、60歳くらいの女性がやってきてこう言うんです。

『ちょっとあなた。この前、この美容液を女性の販売員さんにすすめられるままに買ったのよ。使ってみると、まあ、すごくいいじゃない。ホラ見て、この目の下のシワ、少なくなったでしょ』と。

『そう言われましても、私、お客さまのビフォー・アフターを見ていないのでよくわかりませんが、そんなに変化があったのですか？』って聞いたら、『ホラ、ここよここ。ぜんぜん違ってきたのよ！』って言われました」

このように、お客さまとのやりとりをそのまま再現することで、よりリアルに伝わるのです。

ポイント

お客さまの声を、〈ものまね〉のようにそっくり伝えましょう。

そうなのよー
私の話聞いてるー？
までねーいいのよー
こっ…これは
4丁目の
○○さん…

40 手指の表現がお客さまを動かす

手や指の動かし方ひとつで、いろいろなことを表現できます。

この方法は、ハワイでフラダンスを見たときに発見しました。

フラダンスは、足のステップだけでなく手の動きにも気を配らなければなりません。ごぞんじの方もいらっしゃるでしょうが、フラダンスの手の動きにはそれぞれ意味があります。

たとえば「美しい女性」は、両手を外側に向けて女性のボディラインを表現しながら、柔らかく上から下に向かって下ろしていきます。

「雨」は、斜めに上げた両手の指を小刻みに動かしながら、斜め下に下ろしていきます。ちなみに真下に下ろすと「滝」になります。

ここで〈メラビアンの法則〉というものを見てみましょう。人の行動が、他人にどのように影響を及ぼすかという実験結果です。

それによると、他人に伝わる情報の割合は、「視覚情報」が55%、「聴覚情報」が 38%、話の内容などの「言語情報」はたったの 7%でした。

「目は口ほどにものを言う」という諺がありますが、視覚情報である「手や指も、口ほどにものを言う」のです。

お客さまに数を説明するには、指を折って見せ、大きさを表わすには手を広げればいいのです。さらに、形を表わすのに指を組み合わせてマネてみたり、硬いモノを表わすのに拳をつくってみたり、弾ける表現にパッと手を開くなど、手や指を使って商品の性質を表現すると、売上はグンとアップします。

ポイント

言葉以上に、指や手の動きの情報力は強力です。

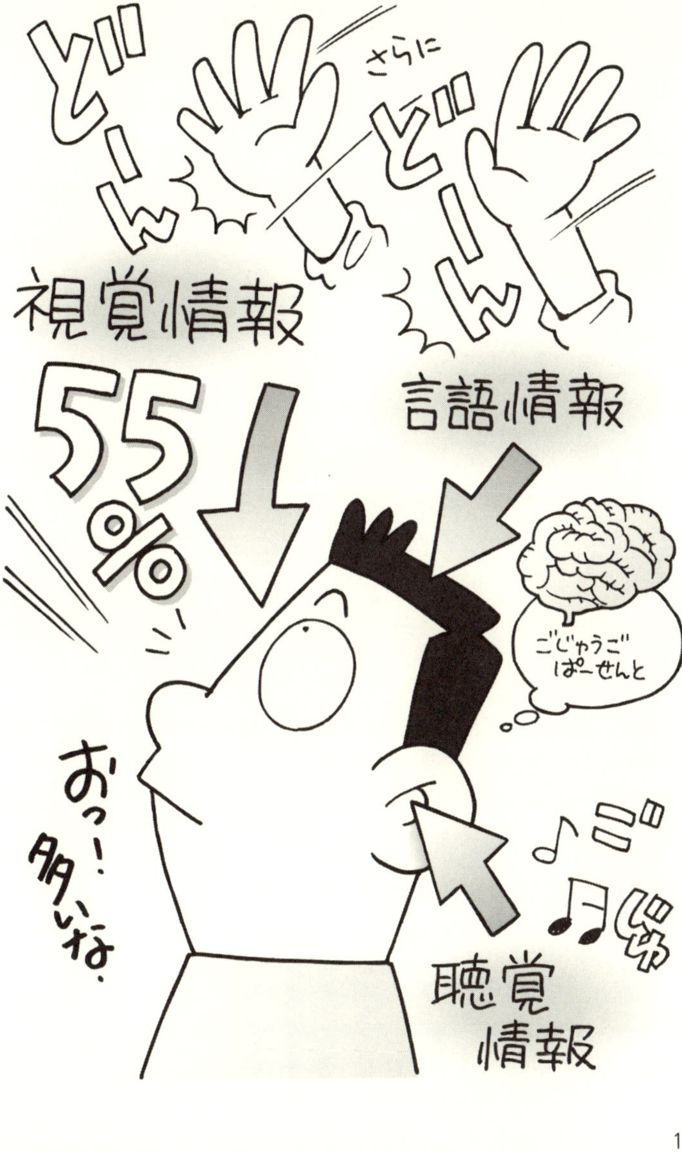
どーん
さらに
どどーん
視覚情報
55%
言語情報
ごじゅうご
ぱーせんと
おっ！
多いな。
ミ
じゅ
聴覚
情報

41 商品にお客さまの意識を集中させる法

お客さまは、商品説明を聞いているようで、聞いていません。

商品を見ているようで、見ていません。

店の中では、いろいろと興味深い情報がお客さまの目や耳に入ってくるため、商品説明をはじめても、お客さまの興味はいつの間にか、他にいってしまうのです。そうなっては、どんなに商品説明をしても、売上アップにはつながりません。

ですから、売上を上げる商品説明のポイントは、いかにしてお客さまの集中力を最後まで切らさないようにするか、なのです。

そのためには、「こうすると、こうなる」の、「こうする」の部分に、お客さまの意識を集めるのです。

マジシャンが、「ハンカチを空中に放り投げると、鳩が出てきます」と予告するように、意識を「ハンカチ」に集めるのです。

するとお客さまは、「こうなる」という期待に胸をときめかせて集中することになります。

私は、〈ピーリング美容液〉を実演販売で売ったとき、お客さまの意識を「毛穴」に集中させました。

お客さまの手を取って、その手の甲の毛穴を指差して、「毛穴、黒ずみ、絡めとる」と言いました。

実演が終わると、お客さまは叫びました。

「まあ！　なんてお肌が明るくなるの！」

商品は、そのままお客さまの買物カゴに入ったのでした。

ポイント

お客さまの意識を集中させて、驚きの結果を見せましょう。

意識
集中
スタート
ゴール
商品説明は
お客さまの集中力
をキープするコトが
ポイント!!

42
お客さまを満足させる比較販売の仕方

　商品は、比較することでその特徴がハッキリすることがあります。ただし、比較の仕方が問題です。
　比較する相手商品の弱点を言い立てるのが、アメリカ式比較法です。しかし、そのやり方は日本では合いません。
　お客さまの〈まだ知らないニーズ〉を読み取って、「望む商品を見つけてあげる」比較のやり方があります。
　私がイエローハットでタイヤを売っていたとき、お客さまが求めていたのは、TV でよく見るブランドもののタイヤでした。しかし、お客さまの車の中をのぞいた印象では、ブランドもののタイヤは買えない感じでした。ブランド品は高いのです。
　「ブランド品を持ちたい」というのは、お客さまの心理的な問題です。そこでまず、お客さまの求めているのとは違うブランド品のタイヤと比較してもらい、どちらもそれほど価格が変わらないことを理解してもらいました。
　次に〈ブランド品ではないタイヤ〉と、〈ブランド品のタイヤ〉を見せて、「メーカー同士が技術面でタイアップしていること」を話しました。機能面は、ほとんど変わらないことを強調したのです。
　さらに〈ブランド品ではないタイヤ〉は、「あまり宣伝していないから安いのだ」ということを伝えました。
　お客さまの懐具合に合った商品をこのようにすすめると、抵抗なく意外にすんなりと売れ、そのうえ感謝されるのです。

ポイント

お客さまのニーズを読んで、効果的な比較販売を心がけましょう。

潜在価値
お客さまへ
A
B
A ＞ B
日本人には
ポジティブな
比較が合う

43
「どっちがいいの？」と聞かれたら

あなたが担当している商品と、他のメーカーの同様の商品が並んでいる場合があります。お客さまはその2つの商品を見比べて、あなたに聞いてくることがあるでしょう。

「ねえ、どっちがおすすめ？」

そんなとき、自分が扱っている商品をすすめると、お客さまは「あなたはこちらのメーカーの方だから、当然そうよね」と言って、どちらの商品も買わないまま立ち去ってしまうことがあります。

なぜでしょう。お客さまは、あなたの片手落ちの商品説明に、心もとなくなったのです。しかし、販売員のあなたにしてみれば、他社の商品は売りたくないものです。

そんなときにおすすめの、とっておきの商品説明がこれです。

それは、〈自分の商品→他社の商品→自分の商品〉という順番で説明すればいいのです。

最初の自分の商品説明に10秒かけたら、他社の商品説明に10秒、そしてもう一度、自分の商品説明に戻るのです。そしてそのときは、最初の説明に3秒付け足して説明します。

他社の商品を真ん中に挟んで、最初と最後に自分の商品説明をするのです。すると、他社の商品があなたの扱う商品を際立たせるため、あなたの扱う商品をお客さまが買っていく確率が高まるのです。

ポイント

他社の商品と自分の扱う商品を前に、お客さまから「どっちがいいの？」と聞かれたら、〈自分の商品→他社の商品→自分の商品〉の順で説明しましょう。

①
最初は
自社商品
A
②
次は
他社商品
へへっ
B
③
もう一度
自社商品
A
おおっ？
ヨロシク
ちゃんと
説明しろよな
A
B

44

「どっちがお得？」はお客さまに判断させる

シャンプーとか美容液には、標準サイズの小さいモノと、お徳用サイズの大きいモノがあります。

実はメーカーは、小さいモノより、大きいモノを売りたいのです。大きいモノのほうが、利益率が高いからです。

しかし販売員が、「お客さま、こちらのほうがお得ですよ」と、大きいサイズをすすめればすすめるほど、お客さまは「お試しとして、小さいほうでいいわ」と言いがちです。

大きいほうを売るには、お客さま自らが、大きいサイズを選び取るようにすることです。

そのコツは、「人の目は左から右に動く」という行動心理に合わせ、左に小さい商品を、右に大きい商品を置けばいいのです。

私が扱った美容液は、大小２種類のサイズがあり、小瓶が20ml入りで3990円、大瓶が80ml入りで１万4700円でした。

私は棚の左側に小瓶、右側に大瓶を並べて、お客さまに小瓶ばかりをすすめました。

するとお客さまは、ジッと棚を見つめてこう言うのです。

「あなた、左の小さいほうは20mlで約4000円よ。大きいほうは80mlだから、４倍入ってるわけね。ということは、値段も４倍で１万6000円になるはずじゃない。でも１万4700円よ。ずいぶんお得じゃない。大きいのをいただくわ！」

ポイント

大小２種類の商品があり、大きいほうの商品を売りたい場合は、左に小さいサイズ、右に大きいサイズを陳列すればいいのです。

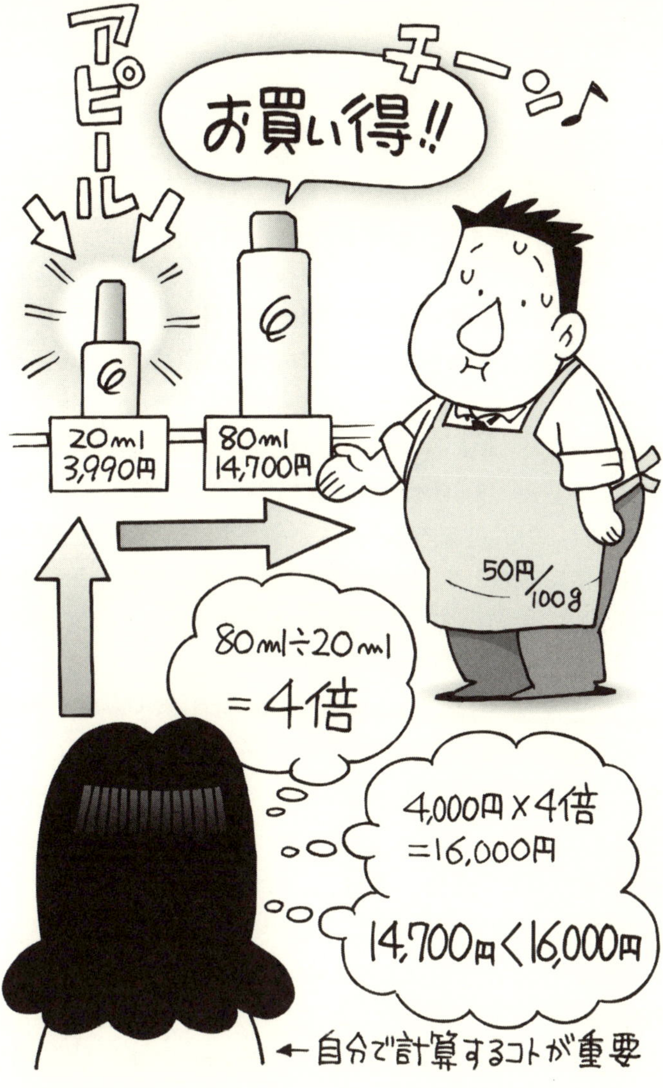
アピール
お買い得!!
ニーッ♪
20ml
3,990円
80ml
14,700円
50円/100g
80ml÷20ml
＝4倍
4,000円×4倍
＝16,000円
14,700円＜16,000円
←自分で計算するコトが重要

45 お客さまとの会話を切らさない方法

お客さまが、あと一歩で買うだろうと思われるときの沈黙は、「悪魔の時間だ」と思ったことはないでしょうか。

あなたは、その沈黙を打ち破ろうと、無理な会話でつないだためにシドロモドロになって、せっかくのお客さまの「買いたい衝動」をフイにしてしまったことはないでしょうか。

お客さまとの会話を切らさない方法が、実はあるのです。

それは、あなたがお客さまの言葉尻を繰り返せばいいのです。

私が石鹸を売っていたとき、次のような会話をしていました。

お客さま「私、肌が弱いのよ」。「肌が弱いのですか。うちの家内もなんです」と、私。「あら奥さんも？　私は、ちょっとした成分でも赤くなるのよ」「家内も赤くなるんです」「そうなの。奥さんは、これ使っているの？」「ハイ、朝晩毎日使っています」「毎日使って、どーお？」「毎日使って、化粧のノリが良くなったって言ってます」「そーお、どうしようかな？」

こんなときは、お客さまは「買うか買わないか」を考えているので、会話が出てこなくなります。

そこで、無理に会話をつなぐことなく、「こういう部分が荒れますでしょう」と言いながら、お客さまの指を１本１本ゆっくり洗い、「お客さまが自ら決める」時間にしていました。その場所からお客さまが離れないように、指を１本１本洗っていたわけです。

「決断は、お客さま自ら、その場所で」というのが鉄則です。

ポイント

お客さまの言葉尻を繰り返すと、会話は途切れません。

なのよねー
ですよねー
購買意欲
A
A
B
B
C
C
D
D
E
E
F
F
G
G

46 重要キーワードを言葉を換えて繰り返す

日中、選挙カーから何度も何度も繰り返し流れてくる、候補者の名前をうるさく感じたことはないでしょうか。

そしてその夜、その候補者の名前が突然、頭の中にフラッシュバックしてきます。それが、連呼による効果です。

人は、何度も目にするモノや耳にするモノに「親しみを覚える」という習性があります。

これは〈熟知性の法則〉というもので、単純な接触が人の感情に好影響を及ぼすという、心理学の法則です。

これを利用しているのが、まさしく選挙カーから流れる、候補者名の連呼です。しかし、連呼が耳について、「しつこい」と嫌悪の感情を抱かれても困ります。

そんな場合、〈伝えたい重要キーワード〉を、同じような意味を表わす、別の言葉に置き換えて繰り返せばいいのです。

たとえば、こんな感じです。

「あなたは素敵だ→きれいだ→エレガントだ→センスがいい→宝石のように輝き→月のようにシックで→太陽のように眩《まぶ》しい」と、次々と言い換えて繰り返すのです。

もし、これだけの言葉があなたに投げかけられたとしたら、あなたはその相手に好意を抱かないでしょうか？

重要キーワードの「言い換え」と「繰り返し」、これだけで売上は劇的にアップするのです。

ポイント

重要キーワードを、言葉を換えて繰り返すと親しみを持たれます。

ステキ
ステキ
ステキ
ステキ
ステキ
ステキ
ステキ
ま、まぁ…
ホントのコト
だし…
そ… そう
言われる
と…

47 商品とピンポン式に会話をしよう

お客さまと向かい合って説明するとき、緊張しませんか？

実は、同じようにお客さまも緊張しているのです。

お互いの目を見つめ合う状態になると、販売員は「お客さまに何か言われないか」とストレスがかかり、お客さまは「説明を聞いたら最後、買わされたらどうしよう」と、ストレスを感じます。

お互いに、そんなストレスから「逃げ出す」のか「戦う」のか、という選択肢が与えられているわけです。

両者を、こんなストレス状態に引っ張り込んでいる原因は、〈好奇心〉です。〈好奇心〉が〈ストレス〉に勝てば、人は「戦う」し、負ければ「逃げ出す」のです。

つまり「戦う」とは、販売員はお客さまにアプローチしようとする姿勢で、お客さまは商品説明を聞こうとする姿勢です。

両者がこの状態になると、商品は売れて行きます。

この〈好奇心〉と〈ストレス〉のバランスを、〈好奇心〉を優位にする方法があります。お客さまと横並びになって、お客さまではなく、商品を見つめ合って会話をするのです。

商品を壁だと思い、そこにピンポン球を壁打ちするように、商品説明をするのです。私はこれを「ピンポン式会話術」と命名しました。「ピンポン式会話術」を使うようになってから、内気な私も売上が倍増したのです。

ポイント

お客さまと横並びになって、商品の壁にピンポン球を当てるように会話をしましょう。

どうですか！ 奥さん！
Ping
あら！
いいじゃない！
Pong

「購買の５階段」のポイントチェック

【第３階段】お客さまを納得させる

㊴ お客さまの評判をリアルに伝えよう
㊵ 手や指で、視覚的に情報を伝えよう
㊶「ハンカチ」に意識を集めて「鳩」を出す
㊷「機能は変わらず、宣伝していないから安い！」をアピールする
㊸ 他社の商品説明を間に挟んで、自社の商品を際立たせる
㊹「人の目は左から右に動く」という行動心理を利用する
㊺ 購買の「決断は、お客さま自ら、その場所で」が鉄則
㊻ キーワードを繰り返すと、親しみが湧く
㊼ お客さまの横に並んで、商品と会話をしよう

7章

【第4階段】

「どうしようかな？」の迷いを吹っ切る５つのワザ

48
決断を促す３つの決めゼリフ

商品説明をしているときに、お客さまが「へー！」という言葉を発し、「さて、どうしよう？」と考えはじめた場合、「3つの決めゼリフ」を使うと、断然、売れ行きが違ってきます。

その3つのセリフとは、「今だけ」「ここだけ」「これだけ」という〈限定性〉を伝える言葉です。

たとえば、次のように使います。

「この値段で買えるのは、今だけです！」

「この商品が買えるのは、この店だけです！」

「この商品は、これだけでおしまいです！」

あえて、「商品自体の弱み」や「商品を扱う側の弱み」を売りのアピールに使ってもいいのです。たとえば、在庫が持てない弱みを〈限定性〉へと変換して、アピールしてしまうのです。

私が高機能石鹸を売っていたときは、

「メーカーさんが零細企業で、小さい設備しか持っていません。ですから、たくさんのお店に供給できず、ここのお店でしか販売できないのです」

と正直に伝えました。

このように、「ここでしか買えない理由」「期間限定の値引きの理由」を説明すると、説得力が違ってきます。「3つの決めゼリフ」は、説得力のある理由とセットで使うといいのです。

ポイント

「今だけ」「ここだけ」「これだけ」の「3つの決めゼリフ」を、説得力のある理由とセットで使いましょう。

今だけ
ここだけ
これだけ

49

お客さまの「決断」の沈黙を破る方法

お客さまが、最後の決断ができず、買うのを迷っているときがあります。そんなとき、背中を押してくれる販売員の言葉を待っていることがあります。

販売員はそれに気づきながらも、その言葉を思いつかないと、お客さまと一緒に「沈黙」のときを過ごすことになります。

すると、両者の誤解がはじまります。

「何て、気のきかない販売員なのかしら」と、お客さま。

「何て、優柔不断なお客さまなんだろう」と、販売員。

そんな「沈黙」を打ち破る、すばらしい方法があります。それは、お客さまの手に、商品を持たせることです。

お客さまは、美容ジェルの蓋を開けて、鮮やかな色に目を見張るかもしれません。そんなときにあなたが、「これは、植物から出る自然な色です」と言えば、相手は「へー！」となるかもしれません。

石鹸を手に持たされれば、鼻に近づけて匂いを嗅ごうとするかもしれません。あなたは、「自然のラベンダーの香りが、気持ちを落ち着かせるんです」と言います。

登山用の重そうなトレッキングブーツを手に持たされて、その意外な軽さに、履いてみようとするかもしれません。「そこを一周、歩いてみてください」と、あなたは促します。

お客さまの「へー！」と言う回数に比例して商品は売れるのです。

ポイント

決断の最後の沈黙を破るには、お客さまの手に商品を持たせ、リアクションに答えましょう。

沈黙
うーん…
ちっ…!
くら〜〜〜い空気

50 プライスカードのさりげない見せ方

陳列してある商品の傍には、必ず値段が書いてあるプライスカードがあります。

それなのに、あなたが商品説明をしている最中に、お客さまから、「これ、おいくら？」と聞かれたことがあるはずです。

そんなときは、あなたにはプライスカードが見えていても、お客さまには見えていない場合が多いのです。

商品の値段がわからなければ、お客さまは心の中で、「この商品、いくらかしら？」→「財布にいくらあったかな？」→「でも、わざわざ聞いて、買うと思われるのも嫌だし」→「また、今度にしよう」となって、売場を立ち去ってしまうのです。

お客さまが商品を買うかどうか迷い、「さて、どうしよう？」となっている心理段階では、価格を見て、「買うかどうか？」「いま買えるかどうか？」を判断しようとします。

その判断を、プライスカードが助けているのです。

プライスカードがお客さまに「見えていない」とあっては、売場からお客さまが立ち去って行くのも当然のことです。

そんなことをなくすコツは、商品説明の途中で、意図的にプライスカードを手に取り、商品の前に置き直してみるのです。

こうすればお客さまに、気になる価格をさりげなく伝えることができます。

ポイント

プライスカードは、お客さまに「見えていない」という前提で、置き直してさりげなく伝えることが大切です。

さりげなさに
疑問が残るけど…
でも それ
うしろ向いたら
見えないよ
5,000円
いや… それ、さりげなさを
越えて
嫌がらせに
なってないか？
5,000円

51
値引きを交渉されたらどうする？

販売員の商品説明を聞いた後に､「それで､いくらになるの？」と、交渉してくるお客さまがいます。

では、そんなお客さまに遭遇したら、どうしたらいいのでしょう。

こんなやり取りを、何度か目にしたことがあります。

「それで､いくらになるの？」。「この値段です！」とプライスカードを見せて即答。「そんなんわかってるがな。もう、ええで」と、お客さまは去ってしまう……。お客さまは、「機微のわからん販売員やな」と、不愉快になってしまったのです。

こんなときの応対のコツは、まずはプライスカードを見せて、お客さまがその値段を理解しているようであれば、即答せずにワンテンポ置いてから、「できません」と答えることです。

もうひとつ､私が何度か試して効果があった方法をご紹介します。

「にいちゃん、これ、もう少し何とかならへんの？」

（いっち、にい）と心の中で数えてから、「何とかしてさしあげたいのは山々なんですが、一介の従業員の私にはどうにもできず……」と言いながら、ポケットに手を入れて、お客さまの目の前に握りしめた拳を出します。それをゆっくり開いて、「これ、私の真心ということで、何とかならないでしょうか？」と言ったのです。

するとお客さまは、「おもろいな～」と笑って、すすめた商品を定価で買ってくれたのです。

ポイント

値引きを言われたら、お客さまにどんな答えをすると、どう反応してくれるのか、楽しむといいのです。

そんなー にいちゃん
あと 0.0000
000000000012%
くらい値引きしてちょうだい！
いやー奥さんの
美しさに免じて
0.00000000
000011%で
カンベンして
くださいよー
ティッシュも
つけます
から
天文学的な
値引合戦に
なっとるな…

52 下心を見せるのも効果的？

あなたがすすめた商品を、お客さまがもう少しで買うだろうと思ったとき、突然お客さまが、落ち着かなくなったことはないでしょうか。

そんなとき、待ち切れずに「一番人気です」「おすすめです」「おいしいです」「お買い得です」と言ったばかりに、お客さまにプイと背を向けられた経験はないでしょうか。

お客さまは、口から出まかせのようなおすすめ言葉を聞くと、しらけて、引いてしまうのです。

私は、閉店間際の東急ハンズで、店内最後のお客さまに、よく美容液を売りました。

チラシを片手にお客さまがいる場所まで行って商品を紹介すると、お客さまはこう言いました。

「どうして、買おうとも思ってない私にすすめるの？」

「お客さましか、もう店内にはいません。本日最後の商品説明を、お客さまにさせていただけないでしょうか」

説明が終わると、

「あなた〜、ほしくなってしまったじゃな〜い」

「ハイ、下心がありました。最後の１本、これが売れたら完売ですから、本日最後のアプローチをしてみようと思ったのです」

「じゃあ、私がその最後のお客さまになってあげる！」と、ニコッと笑って買ってくれたのです。

ポイント

TPOをわきまえれば、下心を見せるのも効果があります。

本音
お客さまは
飾り言葉
を好まない

「購買の５階段」のポイントチェック

【第４階段】お客さまの決断を促す

㊽「今だけ」「ここだけ」「これだけ」の限定性が決断を促す

㊾ 買う決断ができないお客さまには、商品を手に持たせよう

㊿「買うかどうか？」迷っているお客さまには、
プライスカードを見せよう

51 値引き交渉をされたら、お客さまの反応を見ながら対応しよう

52 本音で対応するのも、お客さまの心に響く

8章

【第5階段】

リピートにつなげる7つのワザ

53 「売れている」売行き情報を伝えよう

「コンビニの◯◯のロールケーキがおいしい」と、ある著名人が、Twitter でつぶやいたことがありました。

私は、その情報をもとにロールケーキを買いに行きましたが、行く先々で品切れになっていて、なかなか買えませんでした。

買えそうで買えない状況に、私は燃えました。

巡り巡って５軒目のコンビニで、やっと買えた記憶があります。

うれしくなって、「２個ゲット！　残りあと５個」と Twitter に誇らしげに書きました。

その後、その店に買いに走ったお客さまが、私と同じように、「残りあと２個」と Twitter でつぶやき、残っていたロールケーキもすぐに売り切れたようです。

このように、お客さまは「あと何個」に、とても弱いのです。

私が東急ハンズ池袋店で、石鹸を完売したときの話です。

すぐに新宿店に電話し、その完売情報を流しました。

新宿店で、「△△石鹸、ただいま池袋店で完売。こちら新宿店では、残りあと 200 個」と店頭でアナウンスすると、あっという間に新宿店でも完売になりました。

チェーン店で商品を売る場合、一番上手な人を、一番売れる店に配置します。売れる人が売れる店で売るのですから、売れるのです。

そこで、売れる店での売行き情報を他の店に流すと、売れていない店までが売れ出すのです。

ポイント

売れている店の売行き情報を、上手に活用しましょう。

売れている
情報
ワイワイ

54
「買って良かった」が次につながる

あなたは、こんな後悔をしたことがありませんか？

チラシを見て美顔器を買った後、本屋さんで開いた雑誌が、他のメーカーの美顔器の特集をしていた……。

ネットで買ったバッグが、通りかかった店でもっと安く売っているのが目に入った……。

「急いで買わなければ良かった」とがっかり……。

お客さまも同じです。

「買わなければ良かった」と思えば、買った店や販売員に不満を持ちます。

そして、次の新しい自分の欲求を満たしてくれる店を探します。

「買って良かった」と思えば、「あの店で、また買いたい！」「あの販売員から、また買いたい！」と親近感を抱きます。

お客さまに、「買って良かった」とプラスの気持ちを持たせることができると、売上が上がるようになるのです。

ですから、お客さまが購入してくれたら、後日、その商品がいかに人気がある商品なのか、希少な商品だったのかという資料を渡したり、メールやハガキを出すといいのです。

そしてお客さまに、「自分の判断は間違いではなかった」と、確信を抱いてもらうようにするのです。

ポイント

お客さまが「買って良かった」と思ってくれるアフターケアをしましょう。

〜♫
私って
買物上手だわ…
満足感

55 言葉でお客さまの背中を押さない

お客さまが商品の前で足を止めて、あなたの説明を聞きはじめます。商品を手に取ったお客さまの目がしだいに輝き出すのを見たあなたは、あと一歩で、「よし決めた！　買うわ！」と言ってくれるだろうと、胸がドキドキしてくるでしょう。

そんなときあなたは、お客さまの背中を押す言葉を言おうとしませんか？　しかし、そんな言葉を言えば言うほど、お客さまは逆に、あなたを自信のない販売員と見てしまいます。

お客さまは、自信のない販売員からは買おうとはしません。

お客さまの「よし決めた！」となる段階では、あれやこれや言葉をかけるのは逆効果になるのです。

「微笑み」だけでいいのです。「微笑み」は、販売員の自信に見えます。

私が石鹸を売るとき、お客さまの手を洗う実演をします。洗面器でお客さまの手を洗いながら、商品説明をします。お客さまの目が輝き出します。あとひと押しで買うだろう、という瞬間がやってくる予感を感じて胸がドキドキします。

そんなとき私は、「ハイ、どうぞ！」と、ふかふかのタオルでお客さまの手を包み込み、「ほらね！」と「微笑む」だけです。

その方法で、4000円近い石鹸が飛ぶように売れるのです。

ポイント

あと一歩で買うだろうと思われるお客さまには、言葉ではなく「微笑み」で背中を押しましょう。

言葉で押さない
ヤメようかな…
いけーっ
自分を信じろー
あと一歩前へ
絶対大丈夫ー!!
ひるむなーいけー
ザバー

56 リピーターの言葉を周囲に聞かせよう

化粧品のような消耗品を売っていると、しだいにお客さまがついて、商品ファンも増えてきます。商品ファンのお客さまはリピーターとなって、あなたが売場にいようがいまいが、勝手に陳列棚から商品を買って行ってくれるものです。

あなたの接客中に、そんなお客さまがきたらラッキーです。リピーターのお客さまの手が商品棚に伸びたら、そのお客さまに、商品の使用感について聞いてみるといいのです。

ただし、「よかったですか？」と疑問形で聞いてはいけません。

疑問形で聞くと、回答が長くなるか、回答に困って無言になるかのどちらかだからです。

リピーターのお客さまの回答が長くなると、接客中のお客さまが放ったらかしになってしまいます。放ったらかしにされたお客さまは不快になって、帰ってしまうでしょう。

ですからリピーターのお客さまには、「感動ものだったでしょう」のように、「Yes」か「No」のひと言で答えられるように声をかけるといいのです。

リピーターのお客さまで、No と返事をする人はいません。お客さまは、自分が買う商品を肯定したいからです。

ですから、「とってもいいわよ！」とか、「本当にそうね！」と商品を肯定する言葉を言ってくれるはずです。

ポイント

リピーターのお客さまに後押ししてもらいましょう。

Repeat
実績
GOOD!

57 お客さまの決断は簡単にくつがえる

お客さまが、「よし、決めた！」と商品を手に持った瞬間に携帯電話が鳴り、持っていた商品を手から離すことがあります。

あなたは、電話が終わるまで、「もう、買ってもらえる」と安心しきって静かに待ちます。しかし、電話が終わると、「今回はやめておくわ」と、お客さまはそのまま立ち去ってしまった……。

私も何度かそんな目にあいましたが、そんなときは「売れた！」という高揚感と、買わずにお客さまに去られた失望感のギャップに、しばらく心が引きずられます。

お客さまというのは、忘れっぽい人種です。「よし、決めた！」と思っても、思考が中断されると、決断したときの感動を忘れてしまうのです。そんなときは、感動を思い出させるといいのです。

私が美容液の商品説明をしたときのことです。

お客さまの手の甲に美容液を垂らし、実演をしました。終わると、反対の手で、実演後の手の甲を触ってもらいます。お客さまは、肌の感触に感動して、商品をカゴに入れようとしました。

そんなときに、お客さまの携帯電話が鳴ったのです。お客さまは、いったん商品を置き、携帯電話を取りました。

私は、お客さまの電話が終わると、すぐお客さまの反対の手の甲に美容液を垂らして、お客さまの肌の感触の記憶をフラッシュバックさせました。

ポイント

お客さまの感動の記憶をフラッシュバックさせましょう。

感動
×
中断
再注入
感動の記憶を取り戻す!

58
お客さまの決断を中断させない工夫

お客さまが、あなたの商品説明を聞いて、心の中で「よし、決めた！」と買う決断をしたとき、不意にあなたとお客さまの間に割り込んでくる人がいます。「ねえ、トイレはどこ？」とか、「○○の売場はどこ？」などと、マナーをわきまえずにたずねてくる人です。

買う決心をしたお客さまの思考が、その不意の侵入者によって中断されるわけです。思考を中断されたお客さまは、「買う」という決意を忘れて、「ちょっと急いでいるので、また今度」と、売場を去っていくことがあります。

「お客さまは神さまです」という言葉を背景にしてか、傍若無人なお客さまが後を絶たなくなりました。

そんなお客さまが多いと感じるときは、あなたの立ち位置が悪いことも多いのです。人通りの多いメインの通路に立っていると、いろいろなことを聞いてくるお客さまがいます。そんなお客さまの中には、マナー違反の侵入者もいるものです。

そんな侵入者には、販売員が接客中であることが見えないのかもしれません。人は自分が見たいようにしか、見ないからです。とにかく、接客中のお客さまの「よし、決めた！」という気持ちの盛り上がりを中断させてはいけません。

中断させないためにも、不意の侵入者を防がなくてはなりません。

それには、自分自身の立ち位置を変えてみるといいのです。

ポイント

接客の邪魔をされないよう、売場での立ち位置を考えましょう。

立ち位置を考えて中断を防ぐ
歩
歩
歩
歩
歩
銀
銀
金
玉
金
うーん……

59 サンプルは、商品説明の前には渡さない

あなたの商品説明にお客さまは納得し、「この商品がほしくなっちゃった」と、財布の中身に思いを巡らせています。

しかし、「これを買うと、今月のやりくりに困る」と不安になると、お客さまは断る理由を探しはじめます。

そんなとき、あなたがひと押しすると、お客さまは「ほしい」と「断らなくては」という感情の間を行ったり来たりして、大きなストレスを抱えることになります。するとお客さまは、これまでの商品説明で受けた感動が薄れていくことになります。

こうしたケースでは、お客さまに「その場で売らない」ことが大切です。つまり、感動をお持ち帰りいただくのです。

それでもお客さまは、家に帰る途中で感動を忘れてしまいます。

ですから、売場で感動が高まったとき、商品のうんちくを書いた小さなチラシと商品サンプルを渡すといいのです。

帰る途中にそのチラシを読んで、家に帰ってサンプルを使って、売場での感動をフラッシュバックさせるのです。

私が美容液や石鹸を売るときは、サンプルは、商品説明を聞いてくれたお客さまにしか渡さないことにしています。

商品説明の最初に渡すと、お客さまが感動していないため、ゴミ箱に入れられてしまうことも多いからです。

感動をつくり、感動させ続け、感動を思い出す——そんな仕掛けを考えることです。

ポイント

サンプルは、商品説明を聞いてくれたお客さまに渡しましょう。

サンプルは
商品説明
の後に！
よっ！
感動
感動
感動
サンプル

「購買の５階段」のポイントチェック

【第５階段】リピート客を増やす

㊸「残り○○個」にお客さまは弱い

㊹「買って良かった！」と思えば、また買いたくなる

㊺「微笑み」が、お客さまを説得する

㊻ リピーターのお客さまに商品を評価してもらう

㊼ お客さまの決断の気持ちが途切れたら、
すぐに回復の手を考えよう

㊽ 不意の侵入者は、目についた人に話しかける

㊾ 商品サンプルで感動をフラッシュバックさせる

9章

販売員として成功する6つのワザ

60 販売員に必要な3つの力

販売員として成功しようとするならば、販売に飽きず、とにかく続けていかなくてはなりません。

何ごとも、「継続は力なり」です。それには、**「3つの力」**が必要です。**「心の力」「体の力」**、そして**「考える力」**です。

私は販売員になるまで、販売という仕事を軽く考えていました。しかし販売員になって、数百円のモノを売ることは、数十億円の注文を取る以上にむずかしいことを痛感したことがあります。

販売員になってから、1個300円の香水を売りましたが、1ヶ月たっても売れない自分がいたのです。どうしたらいいかわからず「考えて」ばかりいるうちに、とうとう心が折れてしまいました。その結果、体を壊して入院してしまう始末でした。

〈販売ワザ〉を見つけて売れるようになって、心は回復しました。

心が回復すると、体も良くなっていきました。しかし、明日も明後日も売り続けなければなりません。売っているうちに、やがて〈販売ワザ〉に感動しなくなっていきます。

それを打ち破るには、継続する「心の力」が必要になります。

しかし、いくら「心の力」をつけても、「体の力」がなくては〈販売ワザ〉に体がついていかなくなります。

つまり、販売員として売り続けるには、「心の力」「体の力」「考える力」という3つの力が必要になるのです。

ポイント

販売は続けなければ成功しません。続けるためには、「心の力」「体の力」「考える力」という3つの力が必要となります。

どーん
どーん
どーん
心の力
体の力
考える力

61
「心の力」を養う

私の教える〈販売ワザ〉を使うと、商品が売れて感動します。しかし、売れるのが当たり前になると、その感動も薄れていきます。

人には、「慣れ」という力が働きます。仕事に慣れると、これまで以上に仕事が速くなります。しかし、「売れる」ことに慣れると、これまで以上に感動が薄れていくのです。

「売る」ことの感動が薄れると、売れなくなります。〈販売ワザ〉が効かなくなったと思うのです。それは、「心の力」が弱いからです。

「心の力」を鍛えるには、トレーニングが必要です。そのトレーニングは、良い本を読むということです。それも古典と言われるものがいいでしょう。時代の中で、生き残ってきたものだからです。

変わらない真理があるからこそ、生き残ってきたのです。変わらない真理は、あなたの心の深い部分に入って溜まっていくことでしょう。その溜まったものは、あなたにヒラメキを与えます。

そのヒラメキによって、あなたのものの見方が変わります。新しいものの見方が、工夫を生み出します。その工夫が、自分の〈販売ワザ〉を見つける気づきになるのです。

自分で〈販売ワザ〉を見つけていくことは、面白いものです。売れる感動を、今度は自分でつくることができるからです。

他人から与えられた感動には限りがありますが、自分で見つける感動には限りがありません。

ポイント

「心の力」は、時代を生き残ってきた本を読むことで養われます。

「心の力」は
本で養う！
心の力

62 「体の力」を鍛える

「お客さまは神さまです」という言葉があります。自分は客なんだから、販売員に何を言っても許されると思っている人がいます。

棚にある美容液のサンプルを自分のバッグにこっそり入れたお客さまに、「それはサンプルなので、持って行かないでください」とお願いすると、「サンプルだから、持って行っても構わないと思った」と言い返される始末です。

とにかく販売員は、売上に、販売店対応に、クレーム対応にと、ストレスにさらされる毎日です。多くのストレスにさらされているうちに、いつしか思考もマイナスになっていきます。

マイナス思考になると、商品が売れなくなります。なぜなら、お客さまに気後れして、自信なさげに映るからです。売れなくなると、マイナス思考のスパイラルに陥って、さらに売れなくなります。

だから販売員は、普通の人以上にタフでなくてはならないのです。そのタフさを支えるものに、「体の力」があります。

不思議なことに「体の力」を鍛えると、マイナス思考から脱皮する助けになるのです。

『仕事ができる人はなぜ筋トレをするのか』という本があります。

著者の山本ケイイチさんは、その本の中でこう言っています。

「トレーニングをすることによって、精神的にタフになる、思考がポジティブになる、直感力が高まる、クリエイティビティが磨かれるなど、メンタル面でのメリットもはかりしれない」と。

ポイント

筋トレは、心の筋肉も鍛えます。

体の力
心の筋肉も鍛える!

63

「考える力」を生み出す

販売における「考える力」は、単に知識を溜め込むことで生まれるものではありません。知識を溜め込み、実践するという試行錯誤から生まれるのです。

実践すると、知識がふるいにかけられ、やがて自分自身の血肉化して役立つものとなります。

「考える力」をつける努力を続けると、いい香りが衣服に染みついていつも香るように、血肉化した知識が直感力を引き出してくれます。その直感力が、販売する商品やお客さまを観察する視点を変えていきます。

視点が変わると、商品のどの部分を訴え、お客さまのどの部分を観察するかという着想が、他の販売員と違ってきます。

私は、高級オリーブオイルを1日に100本近く売ったことがたびたびあります。

商品説明では、オリーブオイルをちょっと高級で柔らかな食パンにつけてお客さまに食べてもらいました。高級な食パンか、安い食パンかによって、売行きがまったく違うのです。

こんな簡単な着想が、他の販売員の頭に浮かばないとすれば、実践からくる直感力の差なのです。また直感力があると、〈販売ワザ〉を、お客さまの動きに合わせて組み替えることができます。

ポイント

「考える力」は、知識を溜め込み、それを実践していく試行錯誤の中から生まれてきます。

考える力
ぷ
知識
知識
知識
試行錯誤

64
「目ヂカラ」が完売王の秘密

お客さまの足を止めるにも、商品を説明するにも、お客さまを納得させて財布を開いてもらうにも、「目ヂカラ」が大切です。

あなたの微笑み、商品を見る目の動き、お客さまを見る目の動き、そんな目の表情や動きがトータルされて、「目ヂカラ」となるのです。

「目ヂカラ」は、2つの要素からなります。ひとつは「希望」、もうひとつは「目の動き」です。

「希望」とは、「自分の思うことは現実になる」ということを信じることです。

私は、職場でいじめられたり、転職でうまくいかなかったり、病気で長期に入院したりと、45歳になるまで鳴かず飛ばずの人生でした。しかし、病院のベッドの上で自分の人生を振り返ってみると、前述したさまざまな職種での体験を通して、「思っていたことは、現実になる」ということに改めて気がつきました。その思う気持ちの強さが、「目ヂカラ」になるのです。

「目の動き」とは、あなたの「目線」と、あなたの「動作」のタイミングを合わせるということです。あなたが、お客さまに「商品の○○部分を見てください」と、手でその部分を指し示しているのに、目が違う方向を見ていたら、説得力はゼロです。

私の抱き続けた「希望」と、販売という仕事を通して体得した「目の動き」が、私の「目ヂカラ」の源です。それが10年で完売王と呼ばれるようになった私の秘密です。

ポイント

「目線」と、手や体の「動作」のタイミングを合わせましょう。

希望
＋
目の動き
目ヂカラ

65 心と体のビタミンCを大事にしよう

販売の仕事には、大きなストレスがかかります。ストレスは、免疫力を弱めます。また店舗の中は乾燥しやすく、空気がよどみがちです。免疫力の弱った体は、風邪を引きやすく、体の調子が悪いと注意力が散漫になり、根気がなくなります。

そこで、免疫力を高めると言われるビタミンCを、心がけて摂取するようにしましょう。

ビタミンCが多く含まれている食品は、パセリ、ブロッコリー、カリフラワー、ほうれん草、サツマイモ、じゃがいも、柿、キウイフルーツ、いちご、レモン、オレンジなどです。

私が完売王になることができたのも、退院してからはいたって健康で、売り続けることができたからです。販売でその道を極めたいと思うなら、健康を維持する食べ物の知識を身につけましょう。

また、体だけでなく〈心のビタミンC〉も必要です。

〈心のビタミンC〉とは、良い友だちや仲間です。悩みを打ち明け、それを共有できる人たちです。そんな人たちの言葉が、〈心のビタミンC〉になるのです。

そんな人たちを見つけ、友だちや仲間として認めてもらうには、「何事にも一途なあなた」でい続けることです。

一途さは人の心を打ちます。一途さこそが、人を集めるビタミンCになるのです。

ポイント

健康を保つために、食について勉強しましょう。そして、何事にも一途であることです。

心と体に
ビタミンC

あとがき

セルゲイ・ブブカという棒高跳びの選手がいました。
ソビエトという国があった時代のオリンピック選手です。
10歳で棒高跳びをはじめ、世界記録を35回更新しました。

ほとんどのチェーン店や大型店には、「接客マニュアル」というものがあります。
この「接客マニュアル」に書かれている技術を棒高跳びのクロスバーにたとえるなら、誰でも跳び越えられる高さです。
しかし、誰でも跳び越えられる高さのバーでは、競技になりません。技を競うことによる〈感動〉を生み出さないからです。
誰でも跳べるクロスバーである「接客マニュアル」は、販売員にもお客さまにも、感動を生み出しません。
それは、できて当たり前だからです。
職場で感動が生まれなければ、販売員は面白くないので、仕事がマンネリ化します。仕事がマンネリ化すると、売れなくなります。販売員が面白くないことが、お客さまにも伝わるからです。
売れなくなると、スペアの販売員に取り替えられてしまいます。取り替えられた販売員は、存在価値がゼロということです。

では、今度は「販売技術」を、棒高跳びのクロスバーにたとえてみましょう。
「販売技術」というクロスバーは、ブブカ選手の記録更新後の高さになるのです。

多くの人は、その高さを最初から跳べないと思ってしまいます。そのとき、そこを跳び越える姿に人は感動するのです。

跳べないという思い込みは、大きな勘違いです。

「百ます計算」という、算数のメソッドをごぞんじでしょうか。

単純な計算を大量にさせることにより、児童に達成感を与え、学習習慣になじませるメソッドです。

生徒は、計算のスピードが上がるのを実感できるからこそ、算数が面白くなります。面白くなると、ますます勉強に励みますから、さらに計算能力は向上します。

この繰り返しが、実は「販売技術」を向上させるノウハウでもあるのです。本書の「販売技術」を繰り返し実践して、今度は自分でワザを発見していただきたいのです。

そして唯一無二の、あなた自身の価値をつくり出してほしいのです。

この本で紹介した「販売技術」は、本当は公表したくありませんでした。独り占めしていれば、仕事が私だけに集中するからです。

しかし、それは間違っていることに気づきました。

自分だけの技術は、決してスタンダードにはなりません。かつて、科学技術計算しかできなかったコンピュータのようです。

一般の人が日常的に使うようにならなければ、コンピュータの価値は、これほど大きくならなかったでしょう。

同じように私の〈販売ワザ〉も、自分だけの技術として抱え込んでいたのでは、販売員の地位向上は図れません。

地位が向上しなければいつまでも時給が安く、成績が上がらなければ、さらに人件費の安い販売員に取り替えられてしまいます。

そうなると、独り占めしていると思った仕事も、量ばかりが多くなって、やがて自分の首をジワジワ締めていくことでしょう。

私のライバルは、他の販売員ではありませんでした。いつまでも、同じ技術や狭い考え方に縛られている自分自身だったのです。

この本は、わが同志、おかのきんやさんがいなければ、日の目を見ることはなかったことでしょう。心よりお礼申し上げます。

またこの本は、左足関節脱臼骨折という不慮の事故で、長期入院した北里研究所病院のベッドの上で書き上げました。超多忙の日々が続き、執筆がなかなか進まなかった中、今回の入院は本書を書き上げるため、神さまが配慮してくださったのかもしれません。

献身的に面倒を見てくださった医師、看護師のみなさまに、心よりお礼申し上げます。

そして、今も販売の現場で汗水流して苦闘している販売員の方に、心よりエールをお送りします。

著者略歴

河瀬　和幸（かわせ　かずゆき）

1955年北海道生まれ。（株）カワセ・クリエイティブ・カンパニーず代表取締役。
総合商社丸紅の子会社時代、独特の営業スタイルでトップ営業になる。（株）イエローハット創業者である鍵山秀三郎氏の知己を得、氏と関係が深かった松下政経塾生の選挙参謀としても活躍。衆議院、参議院、首長選挙で15戦15勝。その後、（株）イエローハットに移籍し、タイヤ売上日本一に輝く。販売業を学ぶ傍ら、鍵山氏の代理として、西日本を中心に「日本を美しくする会｜掃除に学ぶ会」を応援。
2000年にイエローハットから独立。独立販売員として、日本全国の東急ハンズや百貨店などで12年2400回以上の店舗訪問回数を経て、食料品、雑貨、家庭用品等約50数種類に及ぶ商品を販売。その中から、東急ハンズにて8年連続売上第一位商品を生み出す。購買心理学、行動経済学等をベースとした独自の販売技術を編み出し、そこから数々のヒット商品を作り出し、小売業界で話題になる。
現在は、店舗に立つ傍ら、元気ある企業づくり、売れる販売員養成、売れる組織づくり、商品プロデュースの仕方、ヒット商品の作り方の講演会・研修会で活躍中。
著書として、『また、売れちゃった！』（ダイヤモンド社）、『売れないモノを売る技術』（ベスト新書）、『人たらし道免許皆伝』（こう書房）などがある。

[問い合わせ先]
http://www.kccz.net
047-390-4147（お品・サンキューOh！・よい品）

イラストでわかる　誰でも売れる販売ワザ65

平成24年7月17日　初版発行

著　者 ―― 河瀬 和幸
発行者 ―― 中島 治久

発行所 ―― 同文舘出版株式会社

東京都千代田区神田神保町1-41　〒101-0051
電話　営業03（3294）1801　編集03（3294）1802
振替00100-8-42935　http://www.dobunkan.co.jp

ISBN978-4-495-59881-5
印刷／製本：萩原印刷　Printed in Japan 2012